김시현

항일투쟁에서 반독재투쟁까지

김시현 항일투쟁에서 반독재투쟁까지

초판 제1쇄 인쇄 2013. 12. 27
초판 제1쇄 발행 2013. 12. 30

지은이 김 희 곤
펴낸이 김 경 희

경 영 강 숙 자
영 업 문 영 준
관 리 문 암 식
경 리 김 양 헌

펴낸곳 (주)지식산업사
　　　　본사 ● 413 − 832, 경기도 파주시 교하읍 문발리 520 − 12
　　　　　　　전화 (031) 955 − 4226~7 팩스 (031)955 − 4228
　　　　서울사무소 ● 110 − 040, 서울시 종로구 통의동 35 − 18
　　　　　　　전화 (02)734 − 1978 팩스 (02)720 − 7900
　　　　한글문패　지식산업사
　　　　영문문패　www.jisik.co.kr
　　　　전자우편　jsp@jisik.co.kr
　　　　등록번호　1 − 363
　　　　등록날짜　1969. 5. 8.

책값은 뒤표지에 있습니다.

ISBN 978−89−423−1173−6 (04990)
ISBN 978−89−423−0056−3 (세트)

이 책을 읽고 저자에게 문의하고자 하는 이는
지식산업사 전자우편으로 연락바랍니다.

김시현

항일투쟁에서 반독재투쟁까지

김희곤

지식산업사

책을 펴내며

어느 시대나 기본 과제가 있고, 이를 해결하는 정신도 있
게 마련이다. 이 둘을 시대적 과제, 시대정신이라 표현한다.
외세에 나라가 무너질 때에는 버텨내야 하고, 나라가 망한
뒤로는 이를 되살려내야 하는 것이 시대적인 과제다. 이를
해결하고자 하는 정신이 바로 시대정신이다. 또 특정 세력
이 장기적으로 권력을 독점하면 이를 되찾아 국민의 손에 되
돌려 주는 것이야말로 시대적인 과제요, 이를 추진하는 것이
시대정신이다.

대부분의 사람들이 외세와 타협하고 무릎 꿇거나 빌붙어
살았다고 하여 그들의 삶을 정당하다거나 정통성을 가진다고
평가할 수는 없다. 외세에 저항하며 나라를 되찾는 일에 목
숨을 건 인물이 비록 적다고 하더라도, 시대정신은 곧 그들
의 몫이다. 따라서 항일투쟁기의 시대정신은 일제에 엎드려
살았던 사람들의 것이 아니라 나라를 되살리는 데 전념했던

독립운동가들의 것이다. 소수가 권력을 장기적으로 독점하는 사회에서는 권력을 국민의 손에 되찾아 주는 데 생명을 걸었던 인물들이 곧 정통성을 가진다. 다시 말해 항일투쟁기에는 일제권력에 맞서 싸운 인물이, 권력의 장기독점 시기에는 반독재·민주화운동을 벌인 인물이 그 시대정신을 대표한다.

이 책에서 살펴보는 김시현은 이러한 시대정신을 실천해 나간 대표적인 인물 가운데 한 명이다. 항일투쟁기에는 26년 동안 독립운동을 펼쳐 나라를 되살리는 데 힘을 쏟았고, 그러는 동안 네 차례에 걸쳐 13년이나 옥고를 치렀다. 또 광복한 뒤에는 다시 권력독점에 맞서다가 8년 동안 감옥에 갇혀 살았다. 독립운동에서 반독재투쟁에 이르기까지 그가 걸었던 길은 오로지 겨레를 위한 올곧은 것이었다. 그의 삶에 정당성과 정통성을 인정하지 않는다면 역사의 정의는 없을 것이다.

하지만 김시현은 아직 독립유공자로 포상되지 못하고 있

다. 대한민국 정부에서 징역형을 받은 사람에게 국가유공자로 포상할 수 없도록 규정한 법령 때문이다. 1952년 6월에 주도한 '이승만대통령 저격 시도' 때문에 8년이나 감옥에서 살다가 4·19혁명으로 출옥한 김시현에게 독립유공자 포상은 불가능한 일이 되고 말았다. 그런데 그의 행위는 반독재·민주화운동으로 평가하는 것이 바람직하다고 본다. 그것이 바로 시민사회의 바른 길이자 인류의 양심에 맞는 길이기 때문이다.

요즘 '건국의 아버지'를 부르짖는 사람들이 목소리가 크다. 이들에게 시대과제와 시대정신을 잘못 이해하고 있음을 김시현의 삶을 통해 밝혀두고 싶다. 더구나 한국사 교과서 서술을 검정에서 국정으로 되돌리자는 목소리가 커져 간다. 정치가 역사를 주무르는 시대로 가고 있다는 우려를 지울 수가 없다. 그래서 독립운동에서 반독재투쟁으로 이어지는 한

인물의 삶을 추적해 보았다.

　이 책을 쓰는 동안 박열의사기념관의 장성욱 학예사가 자료를 찾고 정리하는 데 애를 많이 썼다. 또 해마다 시리즈를 발간하는 데 도움을 주시는 지식산업사 김경희 사장님께 감사드리면서, 아울러 편집부에도 고마운 인사를 드린다.

대한민국 95년(2013) 12월

김 희 곤

차 례

1

김시현, 그는 누구인가

　민족 문제를 해결하려고 나선 인물 가운데, 김시현金始顯만큼 격렬한 투쟁성을 보여준 인물도 드물다. 그는 식민지로 전락한 나라를 되찾고 겨레를 살려내고자 항일투쟁에 몸바쳤고, 해방 뒤에는 권력독점과 독재에 저항하는 반독재 민주화 투쟁의 맨 앞을 치달았다. 한평생 압제와 권력독점에 처절하게 저항한 것이다. 그의 옥중생활은 항일투쟁기와 반독재투쟁기로 나뉜다. 항일투쟁기에는 네 차례에 걸쳐 13년 가까운 세월을 감옥에서 지냈고, 해방 뒤에는 한 차례로 9년 가까이 옥고를 치렀다. 항일투쟁은 외세를 물리쳐 자주독립국가를 세우는 것이 목표요, 반독재투쟁은 권력독점을 무너트려 민주국가를 일궈내는 것이 목표였다. 해방 뒤의 반독재·민주화운동도 사실 독립운동의 연장선 위에서 펼쳐진 것이다.

출생과 성장

김시현은 1883년 안동시 풍산읍 현애동玄厓洞 358번지에서 태어났다. 현애동은 검은 낭떠러지, 언덕 또는 절벽이란 뜻이니, 검다를 깜다로 발음하는 경상도에서는 흔히 감애라고도 부른다. 그러므로 현애는 곧 검애·감애라는 말로써 검은 낭떠러지라는 뜻이다. 현애마을은 안동지역에서 가장 높은 학가산鶴駕山의 남쪽 기슭, 대황산大凰山 자락에 터를 잡고 있다.

김시현은 북애北厓 김후金垕(1596~1641)부터 13대를 이어 온 문중의 종손이다. 여기에서 북애라는 호도 현애와 관련이 있음을 얼른 헤아릴 수 있겠다. 오행에 따르면 북쪽에 해당하는 것이 북현무北玄武이니, '玄'은 곧 북쪽이다. 북애공의 호도 바로 마을 이름과 연관이 있음을 알 수 있다.

또한, 김시현의 호 학우鶴右·하구何求는 이 지역에서 가장 높은 학가산에서 따왔다. 그는 학가산의 서쪽이란 뜻에서 '학우鶴右'라는 호를 쓰다가, 다시 '하구何求'로 바꾸어 썼다. 학가산 남서쪽 마을에서 자라난 그가 뒷날 무엇을 구하려고 했던 것일까?

황지리

북애공종택

직산리

현애리

중앙고속도로

풍산농공단지

안동과학대학교

풍산읍사무소 ● ●경북북부청사

안동터미널 ●

풍산읍

안동시

경북

현애마을 위치도

　그가 태어난 현애마을은 안동에서도 가장 서쪽에 있어 예
천군 호명면과 맞닿아 있다. 현애마을로 가는 길은 두 가지
다. 하나는 안동시 풍산읍에 들어서서 북서쪽에 있는 매곡
리를 지나 현애마을로 가는 6.5km 정도의 길이고, 다른 하
나는 예천으로 가는 길에 새로 들어선 풍산농공단지에서 예
천 쪽으로 옛길을 따라 1.5km 간 다음에 표지판을 확인한

위: 생가(북애공 종가) 사진
아래: 현판 매죽헌(경상북도 민속자료 27호)

뒤 오른쪽, 곧 북쪽의 현애마을로 가는 2.5km정도 되는 길이다. 뒤의 길은 국도를 지나자마자 잠시 예천군 호명면 직산리를 통과하는데, 바로 그 근처에 김시현의 묘소가 있다. 그의 묘소는 고향 현애마을의 바로 남쪽에 있지만, 주소로는 안동시가 아니라 예천군 호명면 직산리에 속한다.

이 마을은 안동김씨(후안동, 신안동) 집성촌이다. 안동김씨 집성촌에서 후(신)안동 김씨는 고려 개국공신의 후예라는 뜻이다. 선(구)안동 김씨는 신라 경순왕의 손자 김숙승金叔承을 시조로 삼는 집안이고, 후(신)안동은 고려 개국공신 삼태사三太師 가운데 한 사람인 김선평金宣平의 후예를 말한다. 김시현이 태어난 현애마을은 신안동 김씨가 오래 살아온 집성촌이다. 이 마을에 북애北厓 김후金㙔(1596~1641)의 종가인 북애공 종택이 있는데, 바로 여기가 김시현의 집이요, 그가 종손이다. 김시현의 친아버지는 태동台東(1863~1941)인데, 큰아버지인 택동澤東(1860~1916)에게 아들이 없어 김시현이 큰아버지의 아들로 입양되어 종손의 대를 이었다.

그는 혼반으로 독립운동가들과 연결되었다. 큰 고모부가 안동 예안현에서 일어난 선성의병장宣城義兵將 이인화李仁和요, 매제는 김희섭金禧燮이니, 바로 의열투쟁사에 빛나는 김지섭의 동생이다. 또 경상북도-강원도-충청북도의 경계선

김시현의 가계도(判官公 係權派 ― 承議郞 克派)

太師 金宣平 ⋯→ 三近(9세) ⋯→ 係權(10세) ⋯→ 㠎(17세, 北厓)

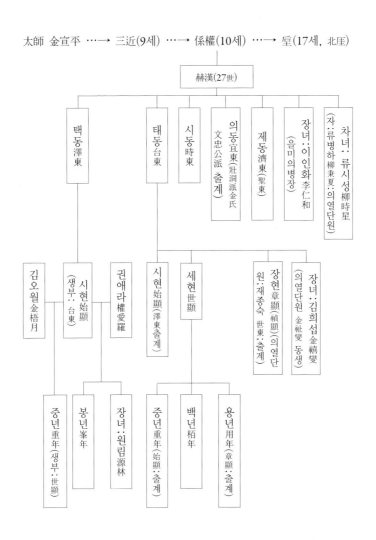

赫漢(27世)

차녀∷류시성柳時星
(자∷류병하柳秉夏∷의열단원)

장녀∷이인화李仁和
(을미 의병장)

제동濟東(聖東)

의동宜東(壯洞派金氏
文忠公派 출계)

시동時東

태동台東

택동澤東

장녀∷김희섭金禧燮
(의열단원 金祉燮 동생)

장현章顯(禎顯)∷의열단
원∷재종숙 世東∷출계)

시현始顯(澤東출계)

세현世顯

권애라權愛羅

시현始顯
(생부∷台東)

김오월金梧月

용년用年(章顯∷출계)

백년栢年

중년重年(始顯∷출계)

장녀∷원림源林

봉년峯年

중년重年(생부∷世顯)

을 넘나들며 오랫동안 의병전쟁을 이끈 이강년은 김시현의 큰 고모부 이인화와 처남·매부 사이다.

어느 양반마을이든지 대개 가학家學을 이으면서 청소년기를 보냈다. 김시현도 집안에서 전통 학문인 한학을 익히며 자랐다. 그가 열 살을 넘어서던 무렵부터 집안 어른들이 의병장으로 나서서 항일전투를 펼쳤으니, 그는 어린 나이 때부터 나라와 겨레에 대한 생각을 하게 되었다.

만 16세가 되던 1899년 새해를 맞아 그는 새로운 배움의 기회를 찾아서 서울행을 결심했다. 집안 어른들께 세배를 드린 뒤 예천 외가에 들러 하룻밤을 보내고, 문경새재를 넘어 서울로 걸음을 옮겼다. 그리고 농상공부에서 관직생활을 하고 있던 숙부 김의동金宜東을 찾아 새로운 학문을 배울 뜻을 밝혔다. 김의동은 문충공파 김경한金慶漢의 아들로 입양되어 서울로 갔던 인물이다. 숙부는 김시현을 중교의숙中橋義塾에 다니게 했고, 이로써 그는 신식교육에 발을 디디게 되었다. 중교의숙은 민영기閔泳綺가 학생들에게 외국어를 가르치고자 1896년 서울 종로구 중학동에 세운 중등학교로서, 일본어와 영어, 한문을 교육하였는데 1906년에 폐교된 것으로 알려져 있다. 김시현은 1899년 4월 중교의숙에 입학하여 1902년 3월에 졸업하였다. 만 19세가 되던 해였다.

졸업한 뒤에는 서울에서 교남교육회에 가입하여 활동하기도 했다. 경상도 지역의 교육진흥을 목적으로 1908년 3월 15일 서울에서 조직된 교남교육회는, 구국계몽운동의 큰 흐름 속에서 제국주의 침탈에 맞설 신세대 인재를 길러내는 데 목적을 두었다. 그때 김시현이 만 25세였으니, 서울에서 이 조직에 활발하게 참여했을 것으로 짐작된다. 다만 구체적으로 어떤 활동을 펼쳤는지 확인되지는 않는다.

교남교육회 활동을 펼치던 때에 김시현은 잠시 충주로 옮겨 살았다. 숙부가 관직에서 물러나 충주로 가게 되자 그도 함께 옮겨 가서 상업에 종사했다고 알려지지만, 구체적인 내용은 확인할 길이 없다. 그러다가 27세가 되던 1911년에 김시현은 일본으로 유학길에 올랐다. 메이지법률학교(1920년 메이지대학이 됨) 전문부에 입학하여 법학을 공부한 것이다. 일본 유학에도 서울로 양자를 든 숙부 김의동의 지원이 컸다고 알려져 있다. 김시현은 메이지대학을 졸업하고 만 35세가 되던 1917년 귀국하였다.

2

3·1운동 뒤에 상하이를 거쳐
만주로 망명하다

김시현이 민족 문제에 정면으로 맞서기 시작한 때는 일본 유학에서 돌아온 직후였다. 3·1운동은 그가 항일투쟁에 뛰어드는 출발점이 되었다. 김시현은 3·1운동이 한창이던 무렵 상주에서 헌병대에 붙잡혔다고 알려진다. 뒷날 이종률 교수가 김시현·권애라 부부와 면담하고 1961년 9월에 회고록으로 정리해낸《조국을 세우기 위한 투쟁의 일생－김시현 선생과 그 영부인의 전기》에 그 내용이 담겨 있다. 구체적인 정황은 알 수 없지만, 이 글에 따르면 김시현은 예천에서 3·1운동에 참가한 뒤 상주로 옮겨 갔다가 붙잡힌 것으로 보인다. 그해 5월 김시현은 상하이로 망명했다. 헌병대에서 탈출하여 상하이로 향했다는 이야기도 전해지지만 확인하기 어렵다.

상하이에 도착한 5월은 대한민국 임시정부가 출범한 지 한 달 남짓 지난 때였다. 대한민국이란 국가를 세우고 정부를 이끌어갈 조직으로 임시정부, 의회로는 임시의정원이 문을 열었다. 제헌헌법인 '대한민국 임시헌장'에는 국토를 되찾으면 그때 정식 정부가 될 것이고, 의회도 국회가 된다고 명문화했다. 김시현은 임시정부 출범 초기여서 직제가 거듭 바뀔 무렵 상하이에 도착하였고, 두 달 정도 머무르다가 7월에 만주로 발길을 돌렸다.

　그는 만주 지린성으로 가서 김좌진을 만나 '군정서'를 조직하는 데 참가하고 의열단에도 참가했다고 회고했다. 여기에서 말하는 군정서는 북로군정서 혹은 대한군정서라고 부르는 독립군 조직이다. 대한군정서는 대종교 세력이 중심을 이룬 중광단이 대한정의단으로 바뀌고, 이를 바탕으로 다시 1919년 10월 군정부 성격으로 발전한 뒤 대한민국 임시정부의 요구에 맞춰 이름을 바꾼 것이다. 여기에 김좌진과 조성환 등이 앞장서고 있었다. 대한군정서는 사관양성소를 두어 독립군을 길러내고 교성대를 조직하여 청산리대첩의 대승을 이끌어내는 핵심이 되었다. 그런데 김시현이 대한군정서 조직에 참가했다고 회고했지만, 실제로 그가 대한군정서에서 어떤 구실을 해냈는지는 확인되지 않는다.

마찬가지로 그가 의열단 조직에 참가했다는 이야기도 명확하지는 않다. 11월에 지린에서 황상규와 김원봉을 만나고 의열단 결성에 참가했다고 회고하였지만, 실제로는 이보다 앞선 음력 10월 무렵 국내에 잠입한 것으로 보이기 때문이다. 일제의 기록을 보면 김좌진의 9촌 조카 김준한金晙漢이 김좌진의 아내와 딸을 안내하여 지린으로 갔고, 그곳에서 김좌진에게 군자금을 모으라는 명을 받아서 10월 초(음력)에 김준한이 김시현과 며칠 차이를 두고 귀국하였다고 한다. 그런데 귀국하자마자 그는 두 차례나 일경에 검문을 당하고 한 달 가까이 붙잡혀 지냈다. 이 무렵이던 1920년 1월(음력) 그는 서울 돈의동에 머물렀다.

　　일제가 본격적으로 김시현의 행적을 뒤쫓은 것은 1920년 12월부터였다. 일제는 그의 모금활동을 군사주비단軍事籌備團에 얽힌 거사로 판단하고 관련자들을 추적하여 잡아들였다. 군사주비단이란 대한민국 임시정부가 독립전쟁을 내다보면서 국내 인력을 동원하려고 만든 비밀조직이었다. 당시 대한민국 임시정부는 비록 나라 밖에서 움직였지만 궁극적으로는 직접 통치권을 장악한다는 목표를 세우고 나라 안팎을 연결하는 다양한 통로를 갖추어 갔다. 국내의 행정을 손에 쥐고자 연통제를 실시하고, 이를 이어가고자 교통국을 두어 핏줄

처럼 연결했다. 그리고 나중에 독립전쟁을 벌일 때 군사력을 동원할 수 있도록 비밀 지하 조직을 만들어 나갔으니, 이것이 바로 군사주비단이다.

한편, 대한민국 임시정부 출범 소식을 들은 국내 인사들은 다투어 상하이로 가거나 사람을 보냈다. 상하이에서 직접 임시정부의 뜻을 확인한 그들은, 더러는 통신원이나 교통부장 등의 직함을 갖고 돌아오면서 문서와 잡지를 몰래 들여왔다. 그리고 이를 동지들에게 보고하고 자금을 모아서 임시정부로 보냈다. 이때 연통제와 교통국의 조직력이 주된 연결망으로 작동하였다.

그런데 일제가 이를 발견하면서 철저하게 연결망을 잘라나가기 시작했다. 1920년 12월에 일제에 붙잡힌 군사주비단 관련 사건도 그 가운데 하나였는데, 여기에 김시현이 들어 있었다. 관련자 27명 가운데 군정서 직인을 만들어 군자금을 모집하려던 이민식을 비롯하여 직접 상하이로 대한민국 임시정부를 방문하고 돌아온 장응규 등 모두 17명이 붙잡혔는데, 김시현도 여기에 포함된 것으로 기록되어 있다. 송치된 문서에는 상하이에서 대한민국 임시정부가 세워졌다는 소식에 국내에서 여러 조직들이 대표를 상하이로 보내 서병호·여운형 등과 연계를 맺은 사실, 또 임시정부의 활동에 호응하는 국

《신한청년》 　　　　　　《대한민국임시정부공보》

내의 세력들이 만들어진 정황을 담았다. 또한 임시정부가 다
시 국내로 〈주비단규칙〉, 〈적십자규칙〉, 《대한민국임시정부
공보》, 《신한청년》 등 각종 문서와 잡지를 보내오고 공채를
발행하여 자금을 모으는 과정이 일제 문서에 담겼다. 더구나
일제는 군사주비단의 활약에 폭탄제조와 입수에 대한 움직임
도 포함되어 있었다고 판단하였다.

　김시현은 앞서 이야기했듯이 김좌진의 명령을 받은 조카

김준한과 며칠 차이로 국내에 잠입했다. 이에 대해 일제는 김시현이 김좌진에게서 권총 7, 8정을 받아와 귀국하였다고 판단하였다. 김준한의 심문조서에는 마침 그때가 일제 경찰이 집집마다 콜레라 환자를 조사하던 시기여서, 권총 한 자루를 맡아 두었던 사람이 들킬까 봐 겁나서 불태웠다는 이야기가 들어 있다. 하지만 김준한은 예심과정에서 일제 경찰의 고문에 못 이겨 거짓으로 자백한 것이라고 밝혔다.

그런데 김시현은 해방 뒤에 이 무렵에 대해 회고하면서 청산리전투를 재정 지원하는 일에 매달렸다고 하였다. 일제가 파악한 대로 군사주비단 활동인지 아니면 그의 회고대로 청산리전투를 비롯한 대한군정서 지원활동이었는지 명확하지 않으나, 얽혀있는 인물들이 두 활동에 모두 관련되어 있었던 것이 아닌가 짐작된다.

이 무렵 국내 곳곳에서 대한민국 임시정부를 지원하는 일이 벌어지고 있었다. 예를 들자면, 안동 출신인 안상길이 대한민국 임시정부를 방문하여 경북교통부장이라는 직책을 받고 돌아와서 김재봉·김남수와 임시정부 지원활동을 펼친 것도 바로 이때의 일이다. 그러므로 김시현도 이 무렵 서울에서 이민식이나 장응규와 같은 주도 인물과 연결되어 대한민국 임시정부 지원활동에 나선 것이 아닌가 여겨진다. 이에 따라 그는 1921년 7월 대구지방법원으로 이송되고, 10월 6일 예심 면소로 결정되어 풀려났다. 일제에 관련자들이 잡혀 들어간 뒤 10개월이 지난 시점이었다.

김시현이 이때 군사주비단보다는 의열단의 투쟁에 엮여 붙잡혔다는 이야기도 있다. 그의 회고에서도 이 무렵 의열 단 자금 모집 차원에서 국내 활동을 펼쳤다고 말했고, 밀양 경찰서 투탄의거에 관련된 혐의로 붙잡혔다는 이야기도 전 해진다. 그가 지린으로 가서 황상규와 김원봉을 만났다는 회고 내용은 그 가능성을 말해주는 것으로 짐작되지만 구체 적인 사실을 확인할 수 없다.

3

극동민족대회에 대표로 참가하다

감옥에서 나온 그에게 새로운 소식이 기다리고 있었다. 한국의 독립 문제를 다룰 수 있을 것으로 보이는 두 가지 국제 회의가 열릴 예정이었던 것이다. 하나는 워싱턴에서 열리는 태평양회의이고, 다른 하나는 이르쿠츠크에서 열린다는 극동민족대회였다. 앞의 것은 워싱턴평화회의 또는 태평양평화회의라고도 불렀고, 뒤의 것은 참가국 언어별로 번역하고 통용하면서 극동노력자대회 또는 극동인민대표회의로도 불렀다.

태평양회의는 태평양에 주둔한 각국의 해군 군비를 축소할 방안을 논의하는 회의였다. 임시정부의 대통령 이승만은 태평양회의에 임시정부 조직을 동원하여 대한민국의 상황을 알리고자 노력을 쏟아 부었다. 1920년 12월부터 6개월 동안 상하이에서 임시정부를 이끌던 이승만은 이 회의에서 외교활동을 편다는 명분을 내걸고 상하이를 빠져나가 하와이로 갔다.

그의 행보는 정치적 생명까지 건 것이어서 비장하기 짝이 없었다. 한편 임시국무총리 신규식은 외교지원책을 마련하고자 광동으로 가서 호법정부 총통 쑨원孫文을 만나 공동대응 방안을 논의하였다. 임시정부에서 한 발 비켜서 있던 안창호도 이를 지원하는 데 힘을 기울여 거족적인 지원책을 이끌었다. 이러한 노력은 국내에서도 마찬가지였다. 워싱턴회의는 1921년 11월부터 다음 해 2월 사이에 열렸다.

하지만 이승만의 행보는 처음부터 잘못된 계산에서 나왔다. 이 회의는 오로지 태평양에서 열강들이 가질 수 있는 해군력을 제한하는 데 초점이 맞춰져 있었을 뿐, 식민지 문제와는 아무런 관련이 없었다. 따라서 이승만이 회의에 참가하겠다고 아무리 힘을 쓴다 한들 처음부터 소용없는 일이었다. 태평양회의는 독립운동가와 동포사회를 온통 흔들어 놓았지만, 아무런 성과도 없는 허허로운 일이 되고 말았다.

하지만 극동민족대회는 달라도 한참 달랐다. 레닌은 약소민족의 문제를 다루겠다는 야심찬 계획이 있었고, 여기에 한국 문제가 주제로 떠오를 것은 당연했기 때문이다. 러시아는 워싱턴회의에 맞서는 국제회의를 기획하고 나섰다. 일찍이 1920년 7~8월에 코민테른이 제2차대회를 열어 '민족-식민지 문제 테제'를 채택한 뒤, 다음 달에 아제르바이잔 바쿠에서 동방민족대회를 열었다. 이어서 코민테른은 후속 회의를 준비하고 있었다. 마침 서방 열강이 워싱턴회의를 추진하자, 코민테른은 이에 대항하여 동방으로 혁명을 퍼뜨릴 수 있는 모임을 만들고자 나섰다. 그들은 워싱턴회의와 같은 시기인 1921년 11월 11일에 이르쿠츠크에서 '약소민족은 단결하라'는 표제를 내걸고 극동 여러 나라의 공산당과 민족혁명단체 대표자의 연석회의를 소집한다는 계획을 세웠다.

이 소식은 독립운동가들에게 빠르게 전달되었다. 독립운동 가들의 눈길이 러시아로 쏠린 것은 너무나 당연한 일이었다. 자본주의 열강이 한국에 눈길조차 주지 않은 것과 달리, 약소민족 문제를 다루는 극동민족대회는 너무나 반가운 일이었다. 나라를 잃어가던 무렵부터 계산하면 10년 넘도록 줄기차게 국제사회에 한국 문제를 다루어 달라고 호소해왔고, 제1차 세계대전 직후에는 파리에 대표를 보내 접촉하기도 했지만 외면당하고 말았다. 그러던 형편에 한국 문제를 포함시킬 뿐만 아니라 대표를 초청까지 하는 국제대회가 열리게 된 것이다. 그런 상황이었으니 이념의 차이는 큰 문제가 되지 않았다. 사회주의를 수용하거나 그렇지 않거나 관계없이 많은 인사들이 러시아에 가려고 나섰다.

많은 독립운동가들이 러시아로 향하면서 1921년 초겨울은

흥분에 찬 시기였다. 이들이 보기에 러시아는 강대국이고, 극동민족대회에 한국의 독립 문제를 적극적으로 다루고 원조한다는 코민테른의 정책 기조가 전해졌기 때문이다.

대회 소집을 맡은 기관은 코민테른 극동비서부였다. 한국인 대표자 선정은 극동비서부 고려부가 담당했다. 이르쿠츠크파 고려공산당은 당시 베이징을 거쳐 같은 해인 1921년 11월 상하이에 근거지를 마련하였고, 따라서 대회에 참가할 대표를 선정하는 일은 주로 상하이에서 이루어졌다. 코민테른에서 선정한 대표 인원에 상하이가 가장 많은 인원을 배정받았다. 그 가운데 고려공산당 중앙위원회 대표 6명에 상하이지부와 고려공산청년회 대표 2명이 포함되었다. 이르쿠츠크에서는 대표적인 독립군 지도자 홍범도를 비롯하여 10명의 대표가 선정되었고, 국내나 만주, 일본에서도 대표가 선정되었다.

당시 국외에서는 이르쿠츠크파와 상하이파가 경쟁지역을 국내로 확산하고, 각각 별도로 국내에 조직기반을 마련해 나갔다. 그 결과 상하이파는 1921년 5월에 나라 안에 '내지부'를 두었던 것과는 다르게, 이르쿠츠크파는 같은 해 10월쯤에 이르쿠츠크파 서울위원회를 설치하였다. 마침 이르쿠츠크파는 이교담李敎淡과 서초徐超를 국내에 파견하는 한편, 극동민족대회에 참석할 사람을 조선노동대회 지도자 노병희盧秉熙와 황옥黃鈺에게 물색하도록 하였다. 그 결과 국내 대표자들에게 위임장을 발급한 단체와 대표 인원수는 조선노동대회(6명), 조선공제단(3명), 조선학생대회(2명), 조선청년회연합회(2명) 등 13명이었다. 그리하여 모두 56명에 이르는 한인 대표가 회의 장소인 이르쿠츠크로 향했다.

그렇다면 김시현은 어떻게 이 국제회의에 한국대표 56명 가운데 한 사람으로 참가하게 되었을까? 김시현이 감옥에서 나온 때가 1921년 10월이다. 그때는 러시아로 가려는 대표자 명단을 한창 짜고 있던 시기였다. 출옥 시기와 러시아에 파견할 대표를 선정하던 시기가 우연히 맞아떨어진 것이다. 김시현이 대표로 선정된 과정에는 조선노동대회와 고려공산당 이르쿠츠크파, 그리고 일제 경찰 간부이면서도 의열단을 몰래 지원하던 경기도 경찰부의 경부인 황옥이 있었다. 경기도 경찰부의 현직 경찰 간부가 뒤를 봐주고 있었다는 말이다. 이 이상하고도 수상한 관계는 지금까지도 의문스러운 일이다.

김시현은 1920년 12월에 일어난 밀양경찰서 투탄의거에 혐의가 있는 것으로 의심을 받아 대구경찰서에 붙잡혔다가 서울로 호송될 때 처음 황옥을 만났던 것으로 알려진다. 김시현은 이때 자신이 황옥을 감화시켜 민족의 일꾼으로 돌려 세웠다고 확신했다. 또한 황옥은 여러 독립운동가를 도우면서도, 상부에는 독립운동의 정보를 빼내고 거사를 확인하여 일망타진하겠다고 보고하면서 공식 출장과 활동비까지 마련하였다. 황옥의 실체에 대한 평가는 잠시 뒤로 미룬다.

1921년 10월 감옥을 나선 김시현은 황옥의 도움으로 조선노동대회와 바로 연결되었다. 여기에 등장하는 조선노동대회는 1920년 2월 서울 천도교당에서 발기하였다가 그해 5월 2일 을지로 4가에 있던 광무대에서 창립한 것으로, 노동자의 상호부조와 지위 향상을 목적으로 조직된 노동운동 단체였다. 그 주역들은 김광제金光濟·문탁文鐸·권직상權直相·노병희盧秉熙 등이었고, 경성자유노동조합 등 다양한 변화를 거쳐 1924년 조선노농총동맹으로 합쳐지고, 경성노동회로도 연결되었다. 조선노동대회는 지식층이 주도한 계몽주의적 노동운동 단체로 알려져 있다. 이 조선노동대회가 대표 6명을 이르쿠츠크로 보낼 때, 김시현과 함께 그의 고향 현애마을에서 그리 멀지않은 오미마을 출신이자, 1925년에 조선공산당을 조직하여 초대 책임비서가 되는 김재봉도 대표 명단에 있었다.

김시현은 황옥에게서 여비 50원을 받아 상하이로 갔고, 그곳에서 고려공산당에 가입한 뒤 극동민족대회에 참가했다. 김시현은 뒷날 "모스크바 대회에 참석할 국내 대표자 20여 명을 선발하고 여비를 마련하고자 활동하면서, 황옥에게서 여행증

12매를 받아 국경을 통과시켜 대표들을 보냈으며, 나는 여운형·나용균·김규식과 함께 이르쿠츠크를 경유하여 모스크바에 갔다."고 증언하였다. 즉 황옥이라는 현직 경부가 극동민족대회에 파견될 한국인 대표를 선정하는 데 직접 관여했다는 것이다.

황옥은 뒷날 1923년 폭탄반입 거사와 관련하여 조사를 받는 과정에서 현직 경부로 재직하며 평소 잘 알고 지내던 김시현을 이용하여 고려공산당의 내정과 극동민족대회의 내용을 탐지하고자 경찰부장에게 보고하고 김시현에게 여비를 주어 대회에 참가토록 했으며, 1922년 8월 김시현에게서 이 대회의 상황을 보고 받았다고 진술했다. 이를 보면 현직 경부인 황옥이 김시현과 밀접한 관계를 유지하면서 그를 대회에 참석하도록 하는 데 힘을 기울인 사실만은 분명해 보인다. 회고담에는 김시현이 먼저 황옥을 집으로 찾아가 만나고 솔직하게 속을 터놓아 이야기를 풀어간 사실이 적혀 있다. 황옥은 경북 문경 출신이며 조선시대 명재상 황희의 후손으로 알려진다.

여기에서 황옥을 눈여겨 둘 만하다. 그는 앞에서 말했듯이 김시현을 대표에 추천하고, 여비와 통행증을 확보해 준 사람이다. 더구나 이보다 2년 뒤에 '의열단 제2차 국내무기반입 시도'에서 김시현과 가장 중요한 동지요 동반자로 활약했던 인물이 바로 현직 경부 황옥이었다.

김시현이 받은 조선노동대회 대표 위임장은 조그만 명주 조각으로 만들어졌다. 이르쿠츠크로 가는 대표들은 혹한을 견뎌낼 수 있도록 솜을 겹겹으로 누빈 옷을 입었는데, 위임 장은 바로 그 솜 속에 감추고 갈 수 있도록 명주 조각으로 만들어졌다. 누비옷 속에 넣어 박음질해도 괜찮으므로 쉽게 노출되지도 않으면서 손상 염려도 없었다. 이러한 방법은 김시현만이 아니라 김재봉이나 다른 대표자들도 거의 마찬 가지였다. 남아 있는 위임장들이 모두 명주 조각으로 작성 된 사실이 이를 증명해준다.

委任狀 第拾號

本會 會員 金始現을 代表로 選定하야 本年 十一月 十一日에 露 西亞 일꾸스크에셔 開催하난 東洋民族革命團體代表會에 出席하 난 一切 權限을 委任홈

一九二一年 十月 二十四日

朝鮮勞働大會

會 長 文 鐸

書 記 洪聖玉

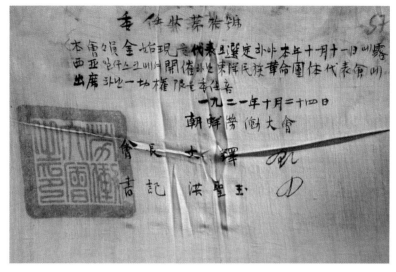

김시현의 조선노동대회 대표 위임장

    조선노동대회에는 6명의 대표 선발권이 주어졌는데, 김시
현의 위임장은 '십호拾號'로 기록되었다. 그렇다면 조선노동
대회가 6명만이 아니라 더 많은 인물을 대표로 추천했다는
것 같은데, 이것이 허수인지 아니면 실수인지 알 수 없다.
이 자료는 대회 이름을 동양민족혁명단체대표회라고 기록하
였다. 본문 아래에 회장 문탁文鐸과 서기 홍성옥洪聖玉의 이
름과 서명, 그리고 '노동대회지인勞働大會之印'이라는 직인도

찍혀 있다. 발급 날짜는 10월 24일로 적혀 있다. 이는 상하이 지역 대표들이 위임을 받은 시기가 대개 10월 20일에서 27일 사이였던 것과 비슷하다.

대회 참가자들은 대체로 두 가지 노선을 선택했다. 하나는 만주를 거쳐가는 길이었고, 다른 하나는 몽골을 횡단하는 길이었다. 만주를 거쳐가는 길은 펑티엔(지금의 센양)·창춘·하얼빈·치치하얼·만저우리까지 철도를 이용하는 것인데, 다른 방법보다 편리한 대신 남만주철도가 일제 관할이었으므로 검거될 위험성이 높았다. 반대로 몽골을 거쳐갈 경우에는 위험성이 적지만, 너무나 힘들고 어려운 길이었다. 그래서 대개 만주를 경유하는 길을 선택하였다.

많은 대표들이 하얼빈과 만저우리를 거쳐 러시아로 들어섰다. 모스크바에서 뒷날 김시현과 결혼하는 권애라나 조선공산당의 주역이 되는 임원근·김단야·조동호, 그리고 안동 오미 출신 김재봉 등이 모두 이 길을 선택하였다. 그리고 대체로 11월 초에서 말일까지 만저우리에 도착하였다. 김시현도 이들과 마찬가지로 1921년 10월에 출발하여 상하이를 들렀다가 11월 어느 날 만저우리역에 도착한 것으로 보인다.

목적지인 이르쿠츠크에 도착하였을 때, 김시현은 상상도 못하던 비극을 눈으로 보게 되었다. 1921년에 일어난 자유

만저우리를 거쳐 이르쿠츠크로 가는 길

시참변을 마무리 짓는 재판이 열리고 있던 것이고, 때마침 이곳에 도착한 김시현도 이 재판에 '배석판사'로서 의견을 말하는 기회를 가지게 된 것이다. 그가 뒷날 회고하기로는 1921년 7월에 이르쿠츠크에 들렀을 때 '자유시참변' 뒤처리를 위한 재판에 배석하여 극형을 반대하고 무마시켰다고 말했지만, 실제로 '자유시참변' 관련 최종판결 시기는 1921년 11월 27일부터 30일까지였다.

자유시참변은 흑하사변黑河事變이라고도 부른다. 1921년 6월 28일, 러시아령 자유시라고 부르던 알렉셰프스크에서 3마일 떨어진 수라셰프카에 주둔하던 한인 부대인 사할린의용대를 러시아 적군 제29연대와 한인보병자유대대가 무장해제시키는 과정에서 서로 충돌하여 많은 사상자가 발생하였던 사건이다. 수라셰프카에는 간도에서 자유시로 이동해 있던 홍범도의 대한독립군, 최진동의 도독부군 등 독립군들도 집결해 있었다. 오하묵이 이끈 한인보병자유대대는 사할린의용대만이 아니라 간도 지방에서 북상한 독립군까지 장악하려고 나섰고, 그 바람에 충돌이 일어난 것이다. 크게 보면 이르쿠츠크파 고려공산당과 상하이파 고려공산당의 파쟁이 불러일으킨 것으로, 한국 무장독립운동사에서 가장 큰 비극이었다.

김시현이 참석한 재판에는 사할린의용대 지도자 박일리아만이 아니라 만주에서 북상한 이청천·홍범도·최진동·안무 등 독립전쟁사의 영웅들이 포함되어 있었다. 이들의 이름도 이름이거니와, 남의 나라에서 벌어진 동족의 상잔이라는 사실이 가장 가슴 아프게 만들었다. 모두 힘을 합쳐도 일제에 맞서 싸우기 벅찬 형편에 어처구니없게도 주도권 다툼으로 많은 인력을 잃은 데다가, 지도자들의 생명을 요구하는 재판을 진행하는 상황이었다. 김시현은 김규식·여운형 등과 함께 배석판사로 참석하여 더 이상의 희생이 없도록 무죄 판결을 이끌어내는 데 온힘을 쏟았다.

하구何求 김선생金先生 및 우사尤史 김규식金奎植, 몽양夢陽 여운형呂運亨 기타 동행들은 극력 동족상잔전同族相殘戰의 불행함과 동족을 문책함에 있어서는 언제든지 도량이 관대해야 한다함을 주장하고 그 주장은 그 지방 전체 동포들의 찬동을 얻게 됨과 동시에 공소자인 검찰측의 무조건한 동의마저 얻게 되어 기소취소에 의한 무죄로 귀결케 했다. 역시 혁명자적 아량이 있었다고 하구 김선생은 오늘에 있어서까지 때때로 다행스럽게 말하고 있다.

(이종률,《조국을 세우기 위한 투쟁의 일생-김시현선생과 그 영부인의 전기》, 1961)

4

모스크바로 옮겨 열린 회의

극동민족대회는 본래 12월 1일 열리기로 되어 있었다. 하지만 그날까지 이르쿠츠크에 도착한 각국 대표는 절반에 지나지 않았다. 일본이나 중국 등 각국 참가자들이 신변의 위험을 줄이려고 몽골을 가로지르는 경우도 있어서 대다수 인물들의 도착이 늦어진 데다가, 경쟁대상이던 워싱턴회의가 연기되고 있던 터라 코민테른으로서는 상황을 지켜볼 필요가 있었기 때문이다. 회의 개최 일정은 자연스럽게 뒤로 밀렸다.

결국 코민테른은 회의 계획을 변경했다. 회의 개최를 1922년 1월 말로 연기하고, 장소도 모스크바로 변경했다. 이르쿠츠크에 집결해 있던 대표들은 이참에 러시아의 수도인 모스크바로 가는 것이 오히려 잘된 일이라고 모두들 반겼다. 더구나 모스크바에서 러시아의 최고지도자인 레닌을 만날 수 있다는 점도 대회 참가자들을 들뜨게 만들 만한 '사건'이었다. 1922년

1월 7일, 대회 참가자를 태운 특별열차가 마침내 모스크바역에 다다랐다. 참가자들은 모두 자신을 증명하는 절차를 거쳤다. 먼저 자신을 대표로 뽑아 파견한 단체나 기관의 위임장을 제시하였다. 앞에서도 본 것처럼, 위임장은 철저한 보안을 유지하고자 명주 조각에 작성하여 두터운 누비 솜옷 속에 넣고 박음질해 두었다. 이들은 옷을 풀어 헤치고 끄집어 낸 위임장과 함께, 자신의 신상을 밝히는 조사표를 작성하여 코민테른 극동비서부 고려부에 제출했다. 조사표에는 학력·투쟁경력·참가 목적과 희망 등 다양한 항목이 있었다. 회의 주최자는 참가자들에게서 받은 조사표의 신분을 하나하나 확인하고 대표자격 증서를 주었다. 김시현도 다른 대표들과 마찬가지로 조사표를 작성하고 대표자격 증서를 받았다.

朝鮮人代表參席

「모스크」에열닌극동무산자대회에

아라사「모스코」서 이십일々부터열닌 극동무산자대회(極東無添者大會)에는 일본인대표두명 중국인대표두명 몽고혁명당 대표(蒙古革命黨代表) 조선대표 김규식(朝鮮代表金奎植)회란 령인 도대표(和蘭印度代表)가 참석하야 각々 무산계급자의 대한열(代表)를 토 야다더라(모스코전보)

《조선일보》 1925년 1월 23일자 개회식 기사

모스크바의 크렘린궁전(오늘날의 모습)

마침내 1922년 1월 21일에 모스크바 크렘린궁전에서 개회
식이 열렸다. 소련이 아닌 극동지역에서는 한국을 비롯하여
9개 국가와 민족이 참석하였다. 참가자 144명 가운데 한국
대표가 52명(뒤에 56명으로 증원)으로 가장 많고, 중국(42명),
일본(16명) 등이 뒤를 이었다. 한국 대표 인원수가 많다는 데
서 소련으로 향한 한국 독립운동가들의 기대와 열정이 드러
난다. 또 의장단에 중국·일본·몽골 등과 함께 2명씩 배정받아
김규식과 여운형이 포함되었다.

회의는 1월 21일부터 2월 2일까지 13일 동안 진행되고,

극동민족대회 개회식

숙소는 소비에트 제3관이었다. 이 회의에서 결의된 한국 문
제는 크게 세 가지로 정리된다. 첫째, 조선에서 계급의식이
아직 발달하지 못했으므로 계급운동은 시기상조이다. 둘째,
일반대중이 민족운동에 동참하고 있으므로 계급운동자가 독

립운동을 후원하고 지지해야 한다. 셋째, 상하이에 있는 임시정부는 조직을 개혁해야 한다. 회의는 2월 2일 대회선언을 채택하는 것으로 막을 내렸다. 개회식은 모스크바에서 있었지만, 폐막식은 페트로그라드 우리츠키 궁전에서 열렸다. 폐막 직후 대표들은 속속 러시아를 떠났고, 3월 중순에는 대다수가 본래 활동하던 곳으로 돌아왔다.

극동민족대회 폐막과 아울러 한국대표단에서 외교위원회 위원 4명을 선출하여 모스크바에 얼마동안 더 머물고, 나머지 40여 명의 대표들은 2월 1일 이르쿠츠크로 떠났다. 김시현은 이 회의에서 김규식·최창식·한명세 등과 함께 외교위원으로 활동하였다.

5

신여성 권애라와 결혼하다

김시현은 모스크바에서 '혁명적'인 만남과 맞닥뜨렸다. 평생 함께 살아갈 동반자요 혁명 동지인 권애라權愛羅를 만나 결혼한 것이다. 권애라와 결혼한 이야기는 파격적인 일이었다. 일곱 살(혹은 열네 살)이나 차이가 나는 데다가 성장 환경도 크게 다르고, 더구나 김시현에게는 고향 집을 지키고 있는 아내 김오월金梧月이 있었기 때문이다. 김오월은 김시현보다 한 살이 많은 1882년생으로, 안동시 예안면 군자리 광산김씨 후조당後凋堂의 후손인 김기상金驥相의 딸이었다.

그렇다면 권애라는 김시현에게 아내가 있다는 사실을 모르고 결혼했을까? 그 시대의 정황에 비추어 보면 결코 그렇지는 않았을 것이다. 그 당시 혁명적인 여성들은 전통적인 적서의 벽을 깨고 혁명적인 남성을 남편으로 맞는 일이 흔했다. 시골에서 어린 나이에 결혼하고서 서울로 유학한 뒤 성장한 청년들이 신교육을 받은 신여성을 두 번째 아내로 맞은 사례는 쉽게 찾을 수 있다. 1931년 《삼천리》 17호에 실린 〈붉은 연애戀愛의 주인공主人公들〉이란 글은 허정숙·주세죽을 비롯한 여러 신여성의 '새 연애관, 새 사회관'을 보여준다. 이처럼 권애라는 메이지대학을 나온 멋진 독립운동가 김시현을 받아들인 것이고, 그는 쾌활하고 재기 넘치는 신여성 권애라에게 한 눈에 반해 결혼한 것이다.

김시현과 권애라 두 사람이 처음 만난 곳은 아마도 모스크바에 도착하기 이전, 이르쿠츠크가 아니었나 짐작된다. 본격적으로 만난 곳은 회의가 진행되던 모스크바였고, 13일 동안 이어진 회의 일정이 시작되면서 둘 사이에 사랑의 불꽃이 타오른 것으로 짐작된다. 뒷날 두 사람의 회고를 살펴보면, 회의 일정 가운데 오락회가 있었고, 여러 국가와 민족의 대표들이 모인 자리에서 자연스럽게 민족마다 다른 춤과 음악이 소개되었는데, 거기에서 권애라가 '개성난봉가(박연폭포)'를 멋들어지게 불러 김시현의 눈길 속에 선명하게 자리를 잡게 되었다고 한다. 그런 뒤 며칠 지나 두 사람의 사이가 빠르게 가까워진 계기가 생겼다. 권애라는 뒷날 그 만남과 사랑을 이렇게 회고하였다. 회의가 쉬는 날, 모스크바에서 40리 떨어진 곳에 톨스토이가 만년을 보낸 집이 있어

찾아갔고, 그곳에서 서재를 돌아보다가 김시현과 마주쳤다는 것이다. 그리고 어둑해질 무렵 쏟아지는 눈을 맞으며 마차를 타고 돌아오던 길에 두 사람은 연인 사이가 되었다고한다. 두 사람은 빠르게 타오른 격정으로 말미암아 회의 참석자들 앞에서 결혼을 약속하기에 이르렀고, 모스크바 루쿠스궁에서 몇몇 회의 참석자들의 축복을 받으며 부부가 되었다. 하지만 두 사람만이 보낼 수 있는 시간은 없었다.

여기서 22세 신여성 권애라가 어떤 인물인지 살피고 가도록 한다. 권애라는 1900년 강화에서 권민신權敏信(본명 권태준權泰駿)의 외동딸로 태어났다. 후손들은 경자생庚子生이라 말하고 족보에도 1900년생으로 적혀있지만, 다른 기록에는 1897년으로 적혀 있어서 독립유공자 기록을 비롯한 공공기록에는 이를 기준으로 삼고 있다. 이 글에서는 1948년에 이루어진 호적신고보다는 집안에서 내려오는 이야기를 따른다. 권애라의 아버지는 집안의 반대를 뿌리치고 천주교를 믿는다는 이유로 배척을 당하여 서울을 떠나 강화로 집을 옮겼다가, 다시 개성으로 이사했다. 권애라는 강화에서 태어난 뒤 곧 옮겨간 개성에서 자라났고, 두을라여학교斗乙羅女學校 초등과를 다닌 뒤이 학교가 호수돈여학교好壽敦女學校로 바뀌었을 때 중등과를 졸업하였다. 이 시절부터 권애라는 소프라노로 노래와 연설 솜씨로 알려졌고, 조국의 독립을 위해 일한다는 다짐을 왼팔에 먹 글자로 써넣을 만큼 강렬한 투쟁성을 보였다.

이어서 권애라는 1914년 서울로 옮겨 이화학당 보육과에 입학하고, 1917년에 졸업하였다. 당시로서는 신여성 가운데서도 빼어난 재원이라 평가받을 만했다. 졸업한 뒤에는 개성으로 돌아와 호수돈여학교에서 교편을 잡았다가, 충교예배당忠橋禮拜堂 유치원 교사가 되었다. 그런데 이때 터진 3·1운동은 그의 삶을 뒤흔들어 놓았다. 그는 독립선언서 배포가 있기 바로 전에 선언서에 서명한 오하영을 서울에서 만나 앞뒤 사정을 듣고 개성에 돌아왔다. 그때 한 약속대로, 개성에 보내진 독립선언서를 받아든 권애라는 어윤희·신관빈 등과 3월 1일 시가지에서 독립선언서를 뿌리고 만세시위를 이끌어냈다.

권애라는 서대문형무소에 갇혔다. 그곳에는 어윤희와 신관빈만이 아니라 후배인 유관순도 함께 있었다. 여기서 그는 4개월 동안 감금되고 6개월 옥고를 치렀다. 그 감옥살이 동안 뒷날 모스크바에서 부르게 될 '개성난봉가'를 배웠다. 3·1운동에 참가했다가 함께 갇힌 수원 기생 김향화가 그에게 민요를 가르쳐 준 것이다. 한편 권애라는 옥고를 치르는 동안 장차 자신이 나아갈 길을 헤아렸다. 그에게는 진학하여 공부를 계속하는 일과 항일투쟁을 펼치는 두 가지 길이 있었다.

권애라가 찾은 답은 항일투쟁을 위해 망명하는 것이었다.

권애라는 감옥에서 나온 뒤 은사와 동료들이 만든 환영회에 참석하고, 기독교청년회 대강당에서 여성교육진흥 문제를 주제로 강연하였다. 그 자리에서 여학교를 세우려고 모으기 시작한 기금은 1920년 근화여학교가 문을 여는 바탕이 되었다. 그의 활동은 열렬한 진보 여성의 본보기가 되었다. 그해에 권애라는 청년웅변회를 만들고 청년회관과 교회에서 여러 차례 진보적인 강연을 펼치며 이름을 드날렸다. 그런 뒤에는 일본으로 유학길에 올랐다가, 점점 더 심해지는 일제의 감시를 피해 다시 중국으로 방향을 돌렸다. 남감리교에서 운영하던 쑤저우蘇州의 징하이의숙景海義塾 사범과에 들어간 그는 상하이에서 조직된 애국부인회에도 가입했다. 여기에 발판을 두고 그는 고려공산당 상하이지부(이르쿠츠크파) 대표로 극동민족대회에 파견되었다. 뒷날 회고담에서는 고려공산당 상하이지부가 아니라 상하이애국부인회 대표로 파견되었다고 말했는데, 이것은 표현에 여러 가지 제약이 있던 1960년대의 시대적인 상황 때문이었을 것이다.

극동민족대회가 끝난 뒤 김시현·권애라 부부는 각각 나뉘어 러시아를 떠났다. 김시현이 외교위원으로서 러시아에 잠시 더 머무는 동안 신혼의 권애라는 그곳을 먼저 출발하여 상하이를 거쳐 쑤저우로 돌아와 학업을 이어갔다. 얼마 뒤인 1922년 5월 무렵 김시현도 상하이로 돌아왔지만, 부부가 함께 보낼 기회는 많지 않았다. 그립고 사무치지만 당분간 서로 찾지 않기로 굳게 약속한 터였다.

6

적 기관을 파괴하고자
국내에 무기를 대량 반입하다

1922년 5월에 상하이로 돌아오면서, 김시현은 투쟁방향을 정리했다. 핵심은 네 가지였다. 첫째, 민족독립혁명이 민족주의를 철학으로 삼고 민족적 자각과 자주적인 힘을 확보하는 것이 급선무다. 둘째, 이를 실현하려면 실질적인 항일투쟁을 전개해야 한다. 셋째, 구체적으로 조선총독부·동양척식주식회사·군사령부·경제시설 등 주요기관과 중심인물을 공격해야 한다. 넷째, 이를 실천에 옮기려면 폭탄을 제조해야 한다. 그래서 그는 폭탄제조와 확보, 국내 수송과 주요기관 폭파 및 일제 인물 처단을 당면 목표로 삼고, 장건상·김원봉 등 의열단 지도자들과 상하이에서 폭탄을 확보하러 나섰다.

김시현이 찾은 길은 의열투쟁이었다. 그때 의열단은 쉬지 않고 국내에 요원을 파견하여 투쟁을 펼치고 있었다. 밀양경찰서 투탄의거, 부산경찰서 투탄의거, 조선총독부 투탄의거 등이 이어졌다. 더구나 김시현이 모스크바를 떠나 상하이에 도착했을 때는 석달 앞서 터진 황푸탄 의거의 열기가 식지 않은 상태였다. 황푸탄 의거는 1922년 3월 28일 상하이 황푸탄에서 김익상·오성륜·이종암 등이 일본 조슈長州 군벌을 대표하던 육군대장 다나카 기이치田中義一를 저격한 거사였다.

여기서 잠시 의열단 활동의 성격을 짚고 넘어가기로 한다. 어떤 사람들은 의열투쟁을 '테러'라고 잘못 알고 있거나 우기기도 한다. 일본인이 그렇게 주장하면 열 걸음 물러서서 이해할 수도 있지만 한국인, 그것도 지도층이라고 자처하는 사람들이 잘못된 말을 하고 있으니 참 심각한 일이 아닐 수 없다. 그러니 여기에서 의열투쟁에 대해 정확하게 정리하고 넘어가는 것이 좋겠다. 한국 독립운동사에 등장하는 의열투쟁, 곧 김시현이 선택한 의열투쟁은 결코 테러가 아니다. 테러는 불특정한 인물들을 차별 없이 무조건 공격하고 파괴하고 사살하는 것이다. 그런데 의열투쟁은 테러와 달리 침략의 원흉이나 침략기관 및 통치기관을 선별하여 처단하거나 파괴하는 것이다. 한국 독립운동사에서 주요 투쟁 방략 가운데 하나로 선택된 의열투쟁은 결코 무고한 민중까지 살해하거나 피해를 입히는 파렴치한 행위가 아니다. 어디까지나 제국주의 침략국의 수뇌부와 그 명령을 수행하는 기관, 그리고 침략에 앞장 선 인물들만 족집게로 집듯이 공략하는 '전쟁'이다. 다시 말하면, 의열투쟁은 침략전쟁을 되받아 치는 '반침략전反侵略戰'이었다.

의열단은 1920년부터 1922년까지 침략 기관 파괴와 일제 주요인물 처단을 거듭 펼쳤다. 특히 김시현이 모스크바를 다녀온 뒤 일어난 김상옥 의거는 모두를 극도로 흥분시켰다. 이제 극적인 대규모 공격을 단행할 때가 눈앞에 온 것으로 여길만했다. 그 거사를 김시현이 맡으려 나섰다.

김시현은 상하이로 돌아온 뒤 얼마 지나지 않아 여름에 서울로 잠입하였다. 일제 기록에는 7월 무렵 그가 서울에 와서 의열단의 공작에 연계되고 있었다고 기록하였다. 따라서 김시현이 의열단에 가입한 때는 이 무렵으로 짐작된다. 뒷날 김지섭이 일제 검찰심문에 답하면서, 서울에 살 때 이현준의 소개로 김시현과 함께 의열단에 가입했다고 말한 대목에서도 그런 추정이 가능하다. 그러므로 김시현은 의열단이 기획하던 거사에 의열단원으로서 발을 내디딘 것이라 할 수 있다.

그가 몰래 서울로 잠입하던 1922년 7월, 의열단은 대규모 투쟁을 준비하고 있었고, 바로 그 뒤로 김상옥이 움직였다. 11월 말에 의열단은 김상옥과 안홍한으로 하여금 폭탄과 권총 4정과 탄환 8백 발을 갖고 귀국하여 조선총독 처단과 종로경찰서 공격을 시도하였다. 그때 종로경찰서는 수많은 독립운동가를 탄압하여 식민통치의 상징으로 여겨지던 곳이었다. 김상옥은 1923년 1월 12일 밤 종로경찰서에 폭탄을 던져 대폭발을 일으켰고, 다시 서울역 가까이로 옮겨 17일 사이토 총독 처단을 준비하다가 일경에 알려지자 전투를 벌이고 탈출하였다. 22일 4백 명이 넘는 일제 경찰에 맞서 세 시간 넘게 접전을 벌이며 일제 경찰을 사살하였지만, 포위를 뚫지 못하자 자결 순국하였다. 서울 시내를 10일 넘도록 떨게 만들었던 거사로 일제는 혼란의 도가니에 빠질만했다.

의열단은 김상옥 의거에 바로 이어서 5월에 거사를 일으킨다는 목표를 세웠다. 여기에 참가한 유석현은 뒷날 이 거사에 대해 "조선총독부와 식산은행, 매일신보, 그리고 전국 8도 도청을 공격 목표로 설정했다. 첫 단계는 무기를 국내로 옮기는 것이고, 두 번째 단계는 파괴와 처단 임무를 수행할 요원을 천진(톈진)에서 국내로 파견하여 전국에서 거사를 수행한다는 내용이었다."고 증언하였다.

이 계획은 1922년부터 김상옥의 종로경찰서 투탄의거와 함께 준비했던 목표였다. 의열단이 먼저 해결해야 할 과업은 작전을 펼치는 데 필요한 폭탄과 권총 등 무기를 국내로 옮기는 작업이었다. 상하이에서 무기를 마련하더라도 이를 국내에 안전하게 들여오는 일은 너무나 위험하고 어려운 일이기 때문이다. 그래서 이를 담당할 인물로 서울에서 무산자동지회를 이끌던 김한金翰이 알맞은 인물로 꼽혔고, 의열단은 1922년 6월 최용덕崔用德·이종암李鍾岩(일명 양건호梁健浩)을 파견하여 김한과 만나게 하였다. 하지만 불행하게도 김한이 일경에 검거되는 바람에 의열단의 계획은 차질을 빚게 되었다. 바로 그때 김시현이 그 임무를 대신 맡을 주인공으로 선택되었다. 의열단장 김원봉은 장건상과 협의하고서, 국내에 잠입해 있던 김시현에게 연락했던 것이다.

김시현은 자신에게 주어진 임무를 수행할 방법을 찾았다. 무기 반입 문제를 풀어줄 연결고리로 경기도 경찰부 고등계 경부 황옥을 선택한 것이다. 일찍이 1921년 10월 극동민족대회 파견 대표로 선정될 수 있게 도와주었고, 여비와 통행증을 마련해 준 사람도 현직 경부 황옥이었으므로, 김시현이 그를 지목한 것은 당연한 일이었다. 그래서 김시현은 9월 15일 황옥에게 의열단의 국내 거사 계획, 곧 주요기관 파괴와 일제 요인 처단 계획을 말하고 도움을 청했다. 김시현은 황옥을 확실하게 신임하였고, "자기는 황옥 덕택으로 체포를 면할 수 있었고, 또 동지들도 그로 말미암아 크게 도움 받았으므로, 황옥이 동지 가운데 한 사람임은 조금도 의심할 여지가 없다."고 심문과정에서 진술할 정도였다.

게다가 함께 투쟁을 벌인 유석현은 백윤화 판사에게 자금을 강요하던 일 때문에 김지섭이 쫓기게 되자, 황옥이 국민대표회의 내용을 탐지한다는 목적을 내걸고 김지섭에게 다른 사람 이름으로 된 여권을 만들어주어 상하이로 보내기도 했다고 증언하였다. 그러니 김시현을 비롯한 주변 인물들이 황옥을 추호의 의심 없이 믿었다는 사실을 알 수 있다.

1922년 12월 말에 황옥을 이용해 무기를 반입하려는 계획이 상하이에 알려지자, 장건상은 이현준李賢俊을 서울로 파견하여 김시현과 황옥에게 톈진에서 만나자고 요구하였다. 무기가 모두 준비되었으므로 톈진으로 와서 가져가라는 김원봉의 지령이 전달된 것이다. 김시현은 먼저 안둥을 거쳐 중국으로 되돌아 나갔다. 그는 약속한 대로 국내에 있던 황옥에게 '김상옥이 종로경찰서에 던진 폭탄의 출처를 조사해서 알 수 있다'는 전보를 보냈고, 황옥은 이를 빌미로 삼아 출장 기회를 만들었다. 그 뒤 김시현은 폭탄을 옮겨가는 중간 지점을 확인하러 나섰다. 1923년 2월 초에 안둥을 답사한 이유가 거기에 있었다. 그는 톈진으로 향했다.

한편 황옥은 김시현과 미리 논의한 것처럼 행동하여 중국

출장의 확실한 명분을 만들었다. 마침 상하이에서 국민대표
회의 준비가 이루어지고, 막 열리던 때였다. 1921년부터 줄
곧 계획으로만 있던 국민대표회의가 마침내 1923년 1월 3일
시작되었는데, 1922년 초겨울부터 나라 안팎 모든 곳에서
대표자들이 상하이로 모여들기 시작하였다. 마침내 1923년
1월 3일부터 시작하여 6월 초까지 이어진 국민대표회의에서
자격을 공인받은 대표만 130명을 넘을 만큼 독립운동 역사
에서 가장 규모가 큰 대표자 회의가 열린 것이다. 그러니 일
제 경찰로서는 이에 대해 날카로운 눈길을 주지 않을 수 없
었다. 또 국민대표회의도 그렇지만, 서울 시가지를 열흘 넘
게 혼란으로 몰아넣은 김상옥의 종로경찰서 투탄의거는 일
제 경찰로서는 사전에 정보를 확보하지 못한 책임을 면할 수
없는 일이었다. 그래서 황옥은 쉽게 중국으로 출장할 수 있
었고, 여기에 의열단원 유석현을 황옥의 밀정 자격으로 동
행시키기까지 했다. 그때 유석현은 서울에서 백윤화 판사에
게 군자금을 요구하다가 검거 직전에 놓인 위급한 상황에 맞
닥뜨려 있었다.

　톈진 프랑스조계 중국여관에서 김시현은 김원봉을 만났다.
김원봉 앞에서 황옥은 의열단에 가입하고 서약하는 의식을
치렀다. 현직에 있는 일제 경찰 경부를 의열단원으로 확보하

고 국내로 무기를 들여오도록 주문한 일은 상상하기 힘든 장면이 아닐 수 없고, 김시현의 판단을 받아들인 김원봉의 결단도 대단하다는 생각이 든다.

김시현은 황옥·유석현과 더불어 김원봉이 보내준 무기를 받아들었다. 대형폭탄 6개, 소형폭탄 30개, 시한폭탄용 시계 6개, 뇌관 6개, 권총과 탄알 수백 발, 〈조선혁명선언〉과 〈조선관공리에게 고함〉 등 전단 수백 장이 국내로 옮겨갈 물품이었다. 이 정도의 무기는 의열투쟁의 역사에서 다시는 등장하지 못할 만큼 많은 분량이었다. 대개 한두 사람이 파견되는 의열투쟁에서 권총 한두 정과 수류탄 한두 발, 탄환 수십 발 정도만 지녀도 적지 않은 양이었다는 점을 견주어 보면, 김시현 일행이 옮길 무기가 얼마나 대단한 양인지 알 수 있다.

이현준과 백영무가 먼저 대형 폭탄 3개를 나누어 갖고 안둥으로 출발했다. 이어서 김시현은 황옥·유석현과 함께 큰 가방 세 개에 나머지 무기를 나누어 담고, 1923년 3월 5일 톈진을 출발하여 이틀 뒤인 7일 안둥 조선일보 지국장 홍종우의 집에 옮겨 놓았다. 안둥에서 압록강을 건너 국내로 들여오는 작업은 김시현이 미리 계획을 세워 놓은 대로 추진하였다. 김시현이 홍종우를 거사에 동원하려고 조선일보 지국장에 추천했다는 이야기가 심문조서에 등장할 정도로, 홍종우의 지국장 부임과 무기 반입은 앞뒤로 이어지는 일이었다.

홍종우는 무기를 국내로 들여놓으려고 연극을 꾸몄다. 조선일보 안둥지국이 개설된 직후라는 시점을 이용하여 개국축하연을 연 것이다. 이 연회 자리에는 나혜석의 남편이자 안둥주재 일본영사관 부영사이던 김우영金宇英, 영사관 소속 경부 3명 등을 포함한 경찰관 5명, 압록강 건너에서 안둥으로 넘어온 신의주경찰서 경부 최두천崔斗天, 그리고 텐진에서 안둥에 막 도착한 김시현과 황옥 등이 모여 앉았다. 신의주에서 기생을 불러 연회에 흥을 돋우었고, 경찰들은 술에 흠뻑 취했다. 흥이 무르익어 자연스럽게 신의주에서 2차 연회를 열자는 제안이 나오게 되고, 술기운에 잔뜩 도도해진 일행은 인력거를 타고 새벽에 압록강을 건넜다. 물론 그 인력거에는 무기 일부가 실려 있었고, 철교 수비를 맡고 있던 경찰의 경례를 받으며 일행은 무사히 신의주로 들어섰다.

안둥에서 무기는 둘로 나누어 보관했다. 그 가운데 하나가 3월 8일 새벽에 신의주로 들어왔고, 다른 일부는 3월 10일 황옥이 인력거를 타고 앞장서는 가운데 신의주로 옮겨졌다. 이 무기들은 모두 홍종우의 처숙부이자 조선일보 평북지국원인 백영무의 집에 보관되었다. 11일 아침에 김시현은 먼저 들여온 무기 가운데 대형폭탄 3개와 소형폭탄 5개를 묶어 철도화물편으로 서울 효자동에 사는 조한석趙漢石(일명 조황趙晃)과 김사용金思容에게 부쳤다. 이때 황옥이 주선하여 철도 공용 화물칸을 이용할 수 있었다. 한편 황옥은 11일 폭탄 10개와 권총 3정, 탄환 백 수십 발을 직접 들고 서울로 이동했고, 이를 조한석의 집에 맡겨두었다. 그런데 여기에서 일이 뒤틀리기 시작했다.

조한석은 평소에 가깝게 지내던 김두형金斗衡에게 황옥이 맡긴 무기를 보관해달라고 부탁했다. 그런데 김두형은 이 사실을 곧바로 경기도 경찰부에 밀고해 버렸다. 이 바람에 모든 계획이 드러나고 국내외 관련자들이 차례로 일경에 붙들렸다. 김두형은 이름을 7개나 사용한 밀정이자 고등계 경부보 가와사키와 가까운 인물이었던 것이다. 그는 안동 출신으로 본명이 권상호權相鎬이며, 권태일이라는 이름도 사용했다.

권상호가 진짜 이름이라는 사실은 해방된 뒤 반민족행위 특별조사위원회(이하 반민특위)가 조사를 벌이던 과정에서 밝혀졌다. 1949년 6월 2일 반민특위에 검거되어 조사를 받던 증인이 그의 본명을 권상호라고 밝힌 것이다. 김두형이라는 가명을 썼던 권상호는 조한석과 함께 의병에 참가했다가 무기징역을 선고받고 투옥되었다가, 1910년 나라를 잃게 되자 풀려난

인물이라고 전해진다. 그 뒤부터는 일제에 아부 협력하고 밀정 노릇을 30년 넘게 했다는 것이다. 1949년에 권상호가 반민특위 조사원에게 붙잡힌 기사가 그런 내용을 말해준다.

> 6월 2일 국회 방청석에 앉아 있다가 반민특위 조사원에게 붙잡혔다. 이 자는 해방 후 이름을 바꾸어 권한權漢·김두형金斗衡 등 7개를 사용하여 간요姦妖하였던 정체를 감추어 애국자로 돌변하여 민족정기단 충남 부단장직에 취임하는 동시 유성에서 영천여관을 경영하던 자라 한다. 반민反民 권은 3·1만세사건 이후 밀정 행위를 개시한 후 애국단체 의열단이 맹활동 당시 동 단원들에게 같은 동지인 것같이 가장하고 동 단원 조량趙亮씨 집에 자주 출입하던 중 전기 조씨 신변이 위험해서 조씨로부터 시계폭탄 6개, 수류탄 30개, 권총 14정을 권에 맡겼음을 기화로 곧 경기도 경찰부에 밀고하였다 한다.(《조선중앙일보》 1949년 7월 3일자)

여기에 등장하는 김두형, 곧 권상호는 해방된 뒤 반민족행위 특별조사위원회에 붙잡혀 조사를 받은 뒤로는 자취를 찾아볼 수 없다. 회고록에서 그의 처지를 "전도가 비참하게 되었다"거나 "부지거처不知居處로 없어졌다"고 표현한 것을 보면, 어떠한 응징을 받지 않았을까 짐작된다.

한편 김시현은 이현준·이오길·김태규와 함께 12일 신의주에서 출발하여 서울로 향했다. 그런데 서울행 기차가 출발하자마자 기차 안에서 일제 경찰에게 검문을 당하여 일단 평안북도 양책역良策驛에 강제로 내려졌다. 이 때문에 그는 동행보다 하루 늦은 13일에야 서울에 도착하였다. 김시현이 서울에 들어선 바로 다음날인 3월 14일 저녁, 안둥과 신의주의 일경은 폭탄을 감추어두던 집에서 흘러나온 정보를 확인하고서 수색작업을 펼쳤다. 그 결과 6도구의 조영자라는 사람의 집에서 신식폭탄 10개와 베이징 의열단이 발행한 많은 문서가 드러나게 되었다. 안둥주재 일본영사관과 신의주경찰서는 조영자와 홍종우를 심문하여 김시현과 황옥이 베이징에서 무기를 가져온 정황을 확인하고 급히 검거에 나섰다.

앞서 황옥은 신의주를 떠나 서울로 갈 때 서울에 도착하면 전보로 알리겠다고 김시현과 약속했다. 그러나 전보가 오지 않자, 김시현은 걱정하다가 서울로 나섰다. 그 사이에 신의주경찰서 형사대가 들이닥쳤지만, 김시현이 먼저 나선 덕분에 마주치지 않았다. 그때 김시현도 추진하던 일들이 모두 일경에 발각되었다는 사실을 알아차리고 서울을 급히 탈출하려고 일단 '동대문 밖 영도사永導寺' 어귀에 있던 군수 아들 오종섭의 집으로 갔다. 이곳이 그나마 안전하다고 여겼기 때문이었

刑事隊と大格闘
巨魁金始顯捕はる
明治大學を卒業した男

朝鮮に於て爆發した義烈團の大陰謀事件の犯人にて朝鮮內にある者の巨魁と目せらる、京城府嵩志洞金始顯は本件の陰謀發覺を聞き逃走中であつたが三月卅日午後九時頃折柄の暗やみにまぎれて自宅に立戻つた處を連日逡捕嚴命に張込み中

であつた京畿道警察部高等課京畿道警察部の末鐵捕遊警察金始顯と大格闘し遊警察部刑事課に於て収監した

同人は熊喜青年會員中でも相當仲間で頭の利く有力者であるのと、明治大學を卒業して相當の

《대판매일신문》 1923년 4월 12일자 〈형사대와 대격투 거두 김시현 체포〉

재판정의 김시현

압수당했던 무기들(《동아일보》 1923년 4월 12일자 호외 황옥경부폭탄사건)

김시현 사진
《동아일보》 1923년 4월 12일자
황옥경부폭탄사건 호외 1쪽)

다. 영도사는 그 뒤 이름을 개운사로 바꿨다. 오늘날 서울 성북구 안암동의 개운사開運寺가 바로 그곳이다. 오종섭을 소개한 사람은 동지로 지내오던 오세덕吳世德이었다. 김시현은 경원선 열차를 타고 탈출하려고 집주인에게 차표 구입과 준비를 부탁했다. 그런데 기차를 타려고 나서는 길에, 집주인은 차 시간이 남았다면서 술 한잔 나누자고 제의하고, 그를 이끌어 일경에 붙들리게 만들었다.

여기에 등장하는 집주인에 대해 이종률은 김시현의 회고를 이렇게 정리하여 남겼다.

오吳○은 8·15 이후 모 중고등학교 이사장 겸 교장으로 있기까지 했다. 반민족행위 특별처벌위원회 검찰부에 구금이 되고 하구何求 김시현 선생은 그 피해증인 중의 한 분으로서 조서를 꾸미게 된 일이 있었다. 그 피해증인 중 김선생은 "나는 이 증인 신문에 있어서 말하지 않는 권리를 보유하고 싶습니다. 단 일언만 가지고 싶은 것은 우리들은 서로 재범행再犯行의 걱정만 없으면 전죄前罪는 불문하고 살아가 봅시다."하고 그 자리를 피해 나왔다. '이승만 대통령의 특별 배려로 석방의 은전'을 받고 나온 그는 하늘은 무슨 뜻이 있어서인가 그 후 다시 그 오자吳者를 행복스럽지 않게 만들고 말았다.

여기에 등장하는 '오모'라는 사람은 해방 뒤에 오청吳晴이란 이름으로 알려진다. 김시현의 회고담을 듣고 일생을 정리한 이종률은 밀고자를 오모라고 썼는데, 해방 뒤 신문에는 이 사람이 '고계중학교高啓中學校 교장 오청吳晴(52세 오종섭)'이라 보도하였다. 1949년 5월 4일자 《자유신문》은 반민족행위 특별조사위원회가 2일 밤 9시 오청(52세 오종섭)을 장충로1가 자택에서 체포하여 수감했다면서, 26년 전 의열단원 김시현이 베이징으로 망명하려는 것을 밀고한 혐의라고 사연을 붙여 보도했다.

김시현은 당장 혹독한 고문을 견뎌야 했다. 경기도 경찰부에서 취조와 고문을 받다가 어디서 쏟아져 나오는지도 모르는 피를 엄청나게 흘리자, 취조하던 경찰도 고문을 중단할 정도였다. 송치된 뒤 얼굴을 아는 검사가 "전날 대구지방법원에서 관대하게 봐주었는데 또 이런 범죄를 범했는가"라고 문책하자, 김시현은 다음과 같이 답했다.

> "독립운동자에게는 독립을 시인하는 것만이 정상正常한 일이오. 그 이외의 것은 여하한 것도 관대가 아니며 또 반갑게 여길 바가 아니다. 참말로 나에게 관대한 태도로 대하고 또 반가운 정을 베풀어 주려면 오늘 당장 그대들 일본 국가 세력이 우리 땅으로부터 물러가 버려야 한다. 그것 이외의 관대니 동정이니 하는 것은 모두 덜된 천치바보의 소리가 아니면 기만적인 소리밖에 더 되지 못한다."

재판 과정에서 가장 관심을 끈 장면은 현직 경부 황옥의 태도였다. 황옥은 자신이 의열단원으로 가입하고 무기를 들여오는 데 함께 움직인 것이 모두 의열단을 일망타진하려는 계책이었다고 주장했다. 함께 재판을 받던 거사 참가자들은 이러한 황옥의 주장에 울분을 토했고, 의열단에서는 황옥을 규탄했다. 하지만 황옥을 이 거사에 끌어들인 김시현은 황옥을 크게 나무라지 않았다. 황옥이 정말로 변절했던 것이 아니라, 단지 살아남으려고 발버둥치는 것이라고 보았기 때문이었다. 실제로 옥고를 치르고 난 뒤, 또 해방된 뒤 김시현과 황옥 두 사람만이 아니라 유석현·류시태柳時泰·류병하柳秉夏 등 함께 활동했던 인물들이 서로 독립지사로 인식하고 가깝게 지낸 사실을 보면, 이들에게 황옥은 확실하게 독립운동에 발을 디딘 인물이었다. 김시현은 다만 거사가 사전에 드러나고 붙잡혀 재판을 받는 과정에서 형을 적게 받으려고 거짓말하는 것으로 생각했다.

김시현과 황옥은 1924년 8월 21일 결심 공판에서 똑같이 10년형을 선고받았다. 또 폭탄 반입 직전에 얽혀 있던 '백윤화 판사 자금 요구' 사건과 관련하여 하회 출신 류시태가 7년형, 류병하가 6년형을 선고받았다.

김시현은 1923년 12월 12일부터 서대문형무소에서 단식에 들어갔다. 본뜻을 이루지 못하고 10년을 '아무런 의미 없이' 철창에서 보내야 하는 상황에 놓이자, 차라리 끼니를 끊어 죽음을 선택하겠다고 결단을 내린 것이다. 그의 몸은 쇠약할 대로 쇠약해졌지만, 그의 뜻만은 굳었다. 그런데 단식에 들어간 지 닷새 뒤인 17일에 아버지가 면회하면서, "네가 여전히 절식할 것 같으면 내가 오늘밤 집에 가서 가슴에 칼을 꽂고 죽겠다.”고 단호한 결의를 보였다. 이 아버지는 김시현의 생부 김태동이다. 한참동안 고민하던 김시현은 눈물을 흘리며 단식을 중단하겠다고 했다. 《동아일보》는 그러한 내용을 보도하면서 다음과 같은 표제어를 내걸었다.

주의主義이냐? 인정人情이냐?

비통悲痛한 부자父子의 심정心情!

네가 밥을 안 먹으면 내가 먼저 죽겠다

부친의 부탁에 밥을 다시 먹는 김시현

《동아일보》 1923년 12월 20일자 기사

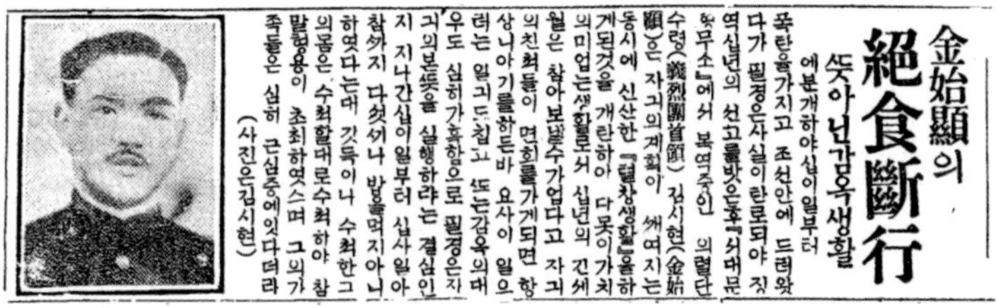

金始顯의 絶食斷行

뜻아닌감옥생활에분개하야십이일부터

폭탄을가지고 조선안에 드러왓다가 필경은사실이탄로되야 징역십년의 선고를밧은후『서대문형무소』에서 복역중인 의렬단수령(義烈團首領) 김시현(金始顯)은 자긔의계획이 깨여지는동시에 신산한『텰창생활』을하게된것을 개탄하야 다못이가치의미업는생활로서 십년의 긴세월은 참아보낼수가업다고 자긔의친척들이 면회를가게되면 항상 니아기를하든바 요사이 일으러는 일긔도칩고 또는감옥의대우도 심히가혹함으로 필경은자긔의본뜻을 실행하랴는 결심인지 지나간십이일부터 십사일아참까지 다섯끼나 밥을먹지아니하엿다는데 갓득이나 수쳑한그의몸은 수쳑할대로수쳑하야 참말형용이 초최하엿스며 그의가족들은 심히 근심중에잇다더라 (사진은김시현)

《동아일보》 1923년 12월 15일자 기사

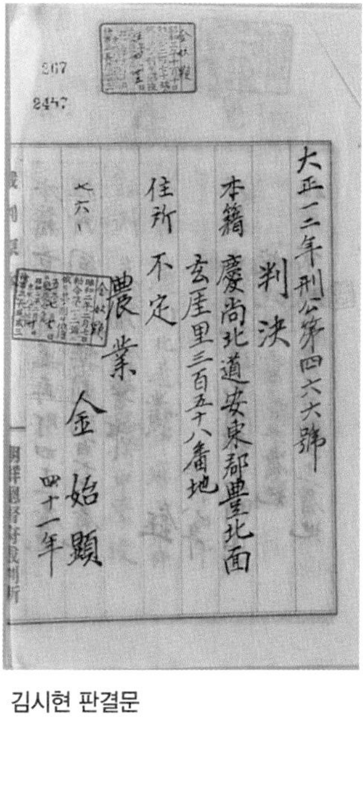

267
2457

大正一二年刑公第四六六號

判決

本籍 慶尙北道安東郡豐北面
玄厓里三百五十八番地

住所 不定

農業 金始顯

四十一年

김시현 판결문

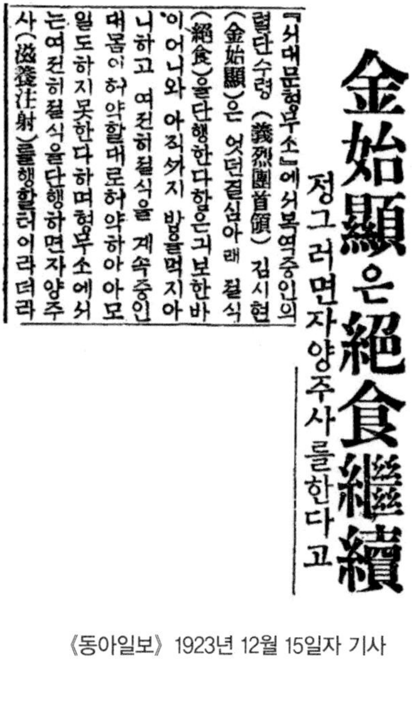

金始顯은 絶食繼續

정그러면자양주사를한다고

『서대문형무소』에서복역중인의렬단수령(義烈團首領) 김시현(金始顯)은 엇던결심아래 절식(絶食)을단행한다함은긔보한바이어니와 아직까지 밥을먹지아니하고 여전히절식을 계속중인대 몸이 허약할대로허약하야 아모일도하지못한다하며형무소에서는여전히절식을단행하면자양주사(滋養注射)를행할터이라더라

《동아일보》 1923년 12월 15일자 기사

여느 아버지도 마찬가지 심정이겠지만, 김시현의 아버지에게는 남다른 점도 있었다. 종손인 형에게 아들이 없어 자신의 맏아들 시현을 입양시켜 종가를 잇게 했고, 여기에 형이 일찍 세상을 떠나면서 시현은 더욱더 중요한 인물이 되었다. 그런데 아직 대를 이을 후사도 없는 형편에 옥중에서 단식투쟁을 벌이고 있으니, 기가 막힐 노릇이었다.

이러는 동안 김시현의 동생 김정현(김재현)은 12월 19일 밤 베이징을 출발하여 펑티엔을 거쳐 귀국길에 올랐다. 그는 한 해 앞서 서울에서 형의 활동을 돕다가, 12월에 모스크바비행학교에 유학하려고 베이징으로 갔다. 그곳에서 머물다가 형의 소식을 듣고 귀국하게 된 것이다. 그런데 21일 아침 국경을 통과할 무렵 신의주경찰서에 붙잡혀 가는 일이 벌어졌다. 하지만 일제 경찰의 심문에 아무런 실마리도 주지 않은 덕분에 무사히 풀려났고, 그날 밤 신의주를 출발하여 22일 서울에 도착하였다. 그런데 서울에 도착한 뒤 김정현은 일제 경찰에 또다시 붙잡혔다. 이번에는 종로경찰서에 끌려가 고등계 주임에게 혹독한 고문을 당했다. 김정현은 입을 열지 않고 저항하였지만, 일제 경찰은 고문을 해서 여러 가지 사건과 이야기를 만들어냈다.

일제가 파악하기로 김정현은 본디 1923년 봄에 의열단이 서울에서 백윤화 판사에게 투쟁에 쓸 자금을 요구한 사건에 얽혀있다고 보았다. 왜냐하면 1922년 가을에 김시현이 동생에게 권총과 탄환을 맡겨 두었고, 이것을 다시 거사에 참가한 안동 하회 출신 류병하에게 건네주었기 때문이다.

일제 경찰이 김정현을 고문하여 알아낸 내용은 이렇다. 첫째, 그는 유학길에 올랐는데, 베이징에서 형이 일경에 붙잡혔다는 소식을 듣고 분개하여 목숨을 걸고 형의 원수를 갚겠다고 김원봉을 비롯한 의열단 간부들에게 몇 차례 논의하였다. 둘째, 김원봉은 그의 열정을 높이 사면서도 일제에 복수하는 일은 의열단원에게 맡겨두고 유학생으로서 학습에 전념하라고 말했다. 셋째, 그가 김원봉에게 서울에서 큰 자금을 구할 수 있는 방법을 말하고서 서울로 잠입하는 데 동의를 이끌어냈다. 여기에서 그가 말한 자금 모집 구상은 이렇다. 지난봄 김시현이 거사를 일으키기 앞서 어느 친족에게 자금 5만 원을 내놓으라고 강요했던 일이 있었는데, 그때 1만 원을 내겠다고 승낙받았지만 너무 적다 하여 받지 않았던 일이 있었다. 그런데 지금 김정현이 어떠한 방법으로 다시 요구하면 받아낼 수도 있다는 것이다.

이에 김원봉은 만주 닝구타寧古塔에 있던 권재만權在萬(동산 東山 권정필權正弼)과 협력하여 이를 실행하기로 정하고, 양건호로 하여금 권재만에게 알려 이들 3명이 움직이게 되었다.

김정현은 재판 과정에서 일제의 이러한 이야기가 상당히 잘못된 것이라고 답했다. 자신은 오로지 형 김시현이 서대문형무소에서 단식에 들어갔다는 소식을 듣고서 형이 세상을 떠나기 전에 면회라도 해볼 작정이었으며, 또 부친의 회갑에도 참석하고자 귀국했다고 밝힌 것이다. 물론 재판 과정에서 자신에게 유리한 결과를 이끌어낼 속셈으로 말한 것이기도 하겠지만, 일제 경찰이 밝힌 앞의 자백에는 억지로 만들어낸 내용도 있을 것이다. 이때 의열단원 여러 사람이 붙잡혀 들어갔다. 구여순·배치덕·오세덕·강홍렬·문시 등이 대표적이다. 김시현이 단식으로 절명하겠다고 나섰던 때가 바로 이 무렵이었다.

김시현이 감옥에서 지내던 시절을 짧게나마 알려주는 신문기사가 있다. 1925년 1월 1일자 《동아일보》는 신년을 맞아 〈재감동포在監同胞〉라는 제목에 '철창의구 세월갱신'이란 제목을 붙여 감옥에서 새해를 맞는 인물들을 보도하였다. 금화산 아래 서대문형무소와 마포 공덕리 앞의 경성형무소로 나누어 굵직굵직한 인물들을 소개했는데, 그 가운데 한 꼭지가 김시현의 사진까지 소개하면서 보도한 '의열단사건 김시현'이란 기사였다. 이 글은 단풍철에 감옥에 들어가 "북

《동아일보》 1925년 1월 1일자 기사

받쳐 오르는 가슴을 부둥켜안고 침침한 감방 얼음 같은 마룻
장에서 세월을 보내지 아니하면 아니 될 운명에 잠기게 된
것이었다."로 마무리했다.

　김시현이 선고받은 10년이란 형기는 세 차례 줄어들었다.
다이쇼大正 사후 쇼와昭和 시대로 바뀌면서 옥살이하던 대부
분 인물들에게 감형이란 '혜택'이 주어진 것이다. 그런데 감
형이나 가석방 같은 말을 끄집어내면서 '개전改悛'이라는 말
로 뉘우침을 요구하는 일이 생기자, 김시현을 비롯한 동지
들은 오히려 개전을 권하는 사람들을 꾸짖으면서 거부해 버
렸다. 한번은 그가 대구형무소에서 안동형무소로 옮겨졌을
때, 안동 출신이라는 간수장이 조금만 온순하게 지내면 머
지않아 가석방으로 풀려날 수 있다고 말한 일이 있었다. 그
러자 김시현은 "함께 안동 사람이니 반갑소. 그런데 안동에

義烈團事件
金始顯出獄

五개년五개월만에 출옥
再昨 大邱監獄에서

《동아일보》 1929년 1월 31일자 기사

는 다른 데와 마찬가지로 사람만 사는 것이 아니라 제 몸만
위하고 제 안일安逸만 위하는 사람 같은 개돼지도 사는 것입
니다. 우리는 사람이니 사람으로서의 생활을 해야 될 것 아
니오."라고 말을 딱 잘라 버렸다. 이는 김시현의 곧고 강한
신념과 의지를 그대로 보여주는 일화 가운데 하나다.

김시현은 1927년 2월에 들어 형기가 줄어들며 대구형무소
에서 대구형무소 안동지소로 옮겨졌고, 그해에 다시 대구형
무소로 옮겨졌다. 1928년 11월에는 히로히토가 다이쇼에 대
해 상례를 끝내고 '천황'으로 즉위하면서 다시 두 번째 감형이
이루어져 5년 5개월로 형기가 줄어들었다. 그리하여 김시현
은 마침내 1929년 1월 29일 대구형무소에서 풀려 나왔다. 경

찰에 붙잡힌 날부터 계산하면 한 달 보름 모자라는 6년이었다.

감옥문을 나서던 날, 김시현은 옥고에 시달려 피로하면서도 강직한 기운이 눈에 가득했다고 신문은 보도하였다. 그러면서 그가 잠시 교마치(京町, 지금의 대구 종로)에 있던 하해여관河海旅館에 묵는다는 내용도 기사에 실렸다. 하해여관은 일찍이 만주에서 독립운동을 펼치다가 귀국한 백농白農 이동하李東夏(본명 이원식, 안동 부포마을 출신)가 대구 시내에 문을 열었던 여관으로, 수많은 혁명인사들이 이곳을 드나들었으며, 광복 뒤에는 김창숙을 비롯한 민주화운동에 나서던 인물들의 근거지가 된 곳이기도 하였다.

7

아내 권애라의 자유연애론과 위장 결혼

    김시현이 국내로 잠입했던 1922년 7월, 경로가 다르지만 권애라도 국내로 들어왔다. 권애라는 1922년 6월 30일 상하이에서 일본으로 가다가 기타큐슈北九州 모지門司에서 일경에 붙잡혀 심문을 받고 일경의 감시를 받으며 7월 2일 서울로 왔다. 일제가 권애라에게 러시아 공산주의자와 관련 여부를 캐물었지만, 끝내 아무런 관련이 없다고 버텼다. 일제는 권애라를 고려공산당 이르쿠츠크파로 분류하고 감시를 이어갔다. 한편으로 권애라는 강연회를 거듭하면서 폭발적인 반응을 얻었다. 권애라는 '현재사회와 조선여자의 문제'나 '연애는 자유'라는 파격적인 주제로 강연하였고, 청중이 방해하여 강연이 중단된 일도 있었다.

    김시현이 장건상과 연락하며 거사 방법과 순서를 논의하던 1922년 말에서 이듬해 초 사이에 둘 다 서울에서 활동했으니, 만날 기회도 있었을 법하다. 그렇지만 그 어디에도 둘이 만났다거나 부부임을 알리는 일이 벌어지지는 않았다.

이듬해인 1923년 9월 29일(음력) 권애라는 아들을 낳았다. 출생 시기에 대해 1922·1923·1924년이라고 엇갈려 전해지지만, 권애라의 며느리 최란주(1928년생)는 남편의 출생 시기를 계해년 9월이라고 말하고 있어 1923년 음력 9월이 정확해 보인다. 아들을 낳은 곳은 개성이라 전해진다. 이러한 사실로 미루어 보면, 김시현과 권애라가 모두 1922년 7월 무렵에 각각 다른 길로 국내에 들어왔고, 남들의 눈을 피해 만나기도 했던 모양이다. 그리고 김시현이 의열단장 김원봉에게 무기를 받으러 가던 2월 말보다 앞서 권애라가 잉태를 했다는 말이 된다.

권애라의 소식이 서울을 온통 달굴 만큼 소용돌이치는 반응을 일으키던 때는 1922년 말부터 1923년 1월 사이에 집중된다. 자유연애론이나 여러 남자와 벌일 수 있다는 다각연애론, 단발머리 주장 등은 강연회마다 청중들을 몰리게 만들었고 엇갈리는 여론도 폭발적이었다. 그러다가 언론에서 사라진 권애라는 1925년 10월 《동아일보》에서 〈권애라 여사의 최근생활〉이란 제목으로 세 번이나 연재된 글로 다시 모습을 드러냈다. 연재글은 해외 생활과 귀국, 결혼에 대한 소식을 소개하였다. 여기에 아들과 찍은 권애라의 사진이 실려 있다.

권애라와 아들 사진(《동아일보》 1925년 10월 14일자)

권애라는 철저하게 김시현과의 관계를 덮고 지냈다. 1923년 2월 톈진에서 김원봉·장건상을 만나 무기를 받아 국내로 들어온 뒤 일경에 붙잡혀 옥중투쟁을 벌이던 그 시절에도 두 사람 사이에 대해서는 어떤 이야기도 없다. 권애라는 상하이에서 함께 활동했던 김원경이 일찍 소개해준 것을 계기로 서울에서 이병철李秉徹을 만나고 개성에서 결혼식을 올렸다. 이병철은 충주 부호의 아들로 고향에 본처가 있었으니, 여기에서도 둘째 아내가 된 것이다. 이병철은 '애국부인단 사건'이라 불리는 활동으로 대구형무소에서 옥고를 치르고 나온 인물이었다. 여러 가지 정황으로 보아 이들 부부는 실제로 부부가 아니라 '위장결혼'한 것으로 짐작된다. 겉으로는 얼마 동안 부부 행세를 했지만, 뒷날 김시현·권애라 부부의 증언이 이를 말해준다.

권애라가 1922년 7월 2일 귀국할 때는 출산을 염두에 둔 것으로 보인다. 아이의 호적은 이병철의 아들인 이권래李權來로 신고했고, 출생 시기는 늦추어 1924년으로 기록되었다. 또 서울에서 김시현이 알려지지 않는 여성에게서 딸을 한 명 두었는데, 그 아이를 권애라가 거두어 키웠다고 알려진다. 그 아이도 이병철의 호적에 이향래李香來라는 이름으로 등재되었다.

권애라와 두 아이, 곧 이권래와 이향래가 김시현의 호적으로 옮겨진 때는 해방 이후 3년이나 지난 1948년 7월 19일이었다. 권애라가 이병철의 아내에서 김시현의 아내로 정리된 것이다. 아들 이권래는 김봉년金峯年으로, 딸 이향래는 김원림金源林으로 바뀌었다. 출생신고가 된 때는 해방 이후 3년이나 지난 1948년 7월 19일이었다. 김시현과 권애라의 혼인신고와 둘 사이에 둔 아들·딸의 출생신고를 이때 와서 마친 것이다. 김봉년은 출생 시기도 1924년에서 1922년 9월생으로 바뀌었는데, 다만 김시현의 집안 족보에는 1923년생으로 적혀 있다. 딸은 1929년 만주 지린에서 태어났다고 적혔지만, 출생연도와 날짜는 사실과 달랐다.

권애라는 잠시 다시 중국을 다녀왔다. 쑤저우 징하이의숙에서 마치지 못한 학업을 끝내는 것이 목적이었다. 1921년 이 학교를 다니다가 모스크바에서 열린 극동민족대회에 다녀왔고, 또 잠시 학교를 다니다가 귀국하여 아이를 낳고 국내에서 지냈다. 그리고 1928년에 또 다시 쑤저우로 가서 학업을 마치고 돌아왔다. 그리고 다시 모습을 보인 때가 바로 김시현이 대구형무소를 나올 때였다.

김시현을 마중 나온 자리에는 권애라가 만 일곱 살이 된 아들 봉년峯年을 데리고 나왔다. 김시현·권애라 두 사람이 모스크바에서 만나 결혼한 때가 1922년 1월 말, 쑤저우와 상하이로 나뉘어 돌아온 때가 각각 3월과 5월이었다. 김시현과 권애라가 서로 다른 길로 국내에 들어온 때가 1922년 7월이었고, 그해 9월 29일(음력)에 아들 봉년이 태어났다. 권애라가 세상을 떠들썩하게 만들다가 잠시 쑤저우를 다시 다녀온 뒤, 이들 부부는 다시 눈빛으로나마 만나게 된 것이다. 그 자리에 권애라는 아들을 데리고 나가서 생부인 김시현에게 보여준 것이다.

여러 사람들 앞에서 공개적으로 이 아들이 당신 소생이라고 말할 수는 없었을 것이다. 하지만 김시현은 눈빛만으로도 권애라가 데리고 나온 아이를 보고, 자신의 아들임을 한눈에 알아챘을 것이다.

8

가족 이야기

1929년 1월 29일 대구형무소 앞에는 부친과 가족, 친지들이 잔뜩 나와서 김시현을 맞았다. 신문에는 70세가 된 부친을 비롯하여 친척과 서울에서 대구까지 찾아온 친구들까지 마중을 나갔다고 보도되었다. 여기에서 말하는 부친은 양부 김택동이 아닌 생부 김태동을 말하고, 실제 나이는 만 66세였다. 양부이자 종손인 김택동은 1916년에 사망했던 터였다.

그렇다면 고향마을에 살던 아내는 어떻게 살았을까. 아내 김오월은 북애공 종가를 지키면서 홀로 시어른을 모시고 살았다. 시어른이자 종손인 택동이 1916년에 세상을 떠났으니, 시어머니와 지냈다. 김오월은 일찍 딸 하나를 두었으나 그마저도 일찍 잃었다. 그 뒤로는 남편이 바깥으로 나가서 도무지 집으로 돌아오지 않았다. 들리는 소식이라야 집안을 들쑤시는 경찰밖에 없었다.

김시현의 생부·김태동은 현실적으로 결단을 내려야 했다. 일찍 자신의 아들을 형님의 아들로 입양시켜 종가를 이었는데, 종손인 형은 김시현이 일본 유학에서 돌아오기 앞서 1916년에 일찍 사망했다. 그러므로 자신이 입양시켜 형의 아들로 대를 잇게 했던 아들 시현이 종손의 몫을 해줘야 했다. 그런데 김시현이 밖으로 나돌기만 할 뿐 아니라, 경찰의 추적이 거듭되고 옥살이가 길어지니 생부로서는 마음고생이 여간 아니었다. 더구나 감옥에서 단식투쟁까지 펼치는 판이니 기가 막힐 노릇이었다. 뒷일을 고민하던 끝에 생부 김태동은 아들 세현世顯의 맏아들인 중년重年을 김시현의 아들로 입양시켜 차종손으로 삼았다. 김시현으로서는 생가의 큰 동생의 맏아들인 조카를 아들로 맞은 것이다.

　김시현의 아버지는 종가에서 중요한 몫을 해냈다. 종손인 형 택동이 일찍 세상을 떠나니 종가의 중심 혈맥은 자신의 큰 아들인 시현으로 잇게 하고, 다시 시현이 적자를 두지 못하자 큰 손자를 들여 대를 잇게 했다. 자신의 혈손을 양대에 걸쳐 입양시켜 종가의 맥을 이어가게 한 것이다. 또 작은 종가의 동생 세동에게는 셋째 아들 장현을 입양시켜 대를 잇게 했다.

　가족 이야기를 조금 더 하자면, 차종손 중년은 1947년 정일正鎰을 낳고, 양어머니이자 김시현의 본부인인 김오월을 모시고 살았다. 그 뒤엔 서울대학교 문리과대학 불문학과를 다니고 해군 중위로 통역장교가 되어 종군하다가 1951년 12월 인제지구 전투에서 전사하였다. 한편 권애라가 낳은 봉년은 1951년에 아들 우일宇鎰을 낳았다.

9

의열단 베이징지부장이 되어 장교를 기르다

이야기를 다시 돌이켜 1929년 1월 말로 돌아간다. 대구형무소를 나온 뒤 하해여관에 며칠 머물던 김시현은 다시 망명길에 올랐다. 권애라는 김시현에게 학가산 아래 고향 현애마을로 가서 '섭생攝生'하기를 권했다. 허물어진 건강을 되찾고 몸을 추스를 필요가 있다는 간절함이 배어 있는 말이지만, 남들 눈에는 항일투쟁가의 옥고를 위로하고 건강을 염려하는 말로 들렸을 것이다. 그러자 그는 "나의 섭생은 독립운동뿐이오." 라고 잘라 말하고서는 만주 지린으로 향했다. 1929년 2월의 일이다. 이 일화는 오랜 옥고에도 전혀 꺾이지 않은 그의 투쟁 의지와 자세를 보여준다.

김시현이 만주에 도착하여 세운 계획은 토지를 사들여 독립군을 길러내는 기관을 만드는 것이었다. 그가 지목한 곳은 둔화현敦化縣이었다. 민생의원이란 병원을 만들어 거점으로 삼고 류봉영柳鳳榮·서왈보徐曰甫·박관해朴觀海 등과 함께 이 일을 밀고 나갔다. 그러다가 김규식이 김시현을 급히 찾는 연락이 닿았다. 모스크바에서 함께 외교위원으로 활약했던 김규식이 자신을 찾는다는 소식에 김시현은 만사를 제쳐두고 톈진으로 갔다. 김시현은 그때가 1931년 2월이라고 회고하였다.

톈진으로 가서 김규식을 만난 그는 난징으로 옮겨 터를 잡은 의열단의 세계로 다시 들어갔다. 그때 의열단은 난징에 조선혁명군사정치간부학교라는 이름의 군관학교를 세우는 일에 몰두하고 있었다. 의열투쟁에서 독립전쟁으로 전략을 바꾸어 가고 있다는 사실을 이름만으로도 헤아릴 수 있다.

의열단은 1925년부터 성격이 확연하게 바뀌었다. 의열투쟁만으로 독립을 달성하기는 불가능하다는 판단 아래 장차 군대를 길러 독립전쟁을 펼쳐야 한다는 결론에 이르렀다. 그래서 핵심 간부들이 광둥성 광저우에 문을 연 황푸黃埔군관학교에 입학하고, 초급장교로 성장하였다. 그런데 그 과정에서 김원봉을 비롯한 핵심인물들이 사회주의 사상을 수용하고, 특히 우창武昌봉기에도 참가하였다. 김원봉은 상하이를 거쳐 베이징으로 이동하고, 그곳에서 레닌주의정치학교를 운영하기도 했다. 그러다가 일제가 만주를 침공하기 앞서, 김원봉은 중국국민정부를 찾아 난징으로 이동했고, 황푸군관학교 4기 동기생들의 도움을 받아 난징 근교에 조선혁명군사정치간부학교(이하 군사간부학교)라는 군관학교를 열었다. 그 때가 바로 1932년 10월이었다.

간부학교를 세운 목표는 '한국의 절대독립'과 '만주국의 탈환'이었다. 그리고 졸업생의 향후 활동방침은 국내와 만주지역으로 파견하여 이루어지는 것으로, '일만요인日滿要人의 암살, 재만 항일단체와 제휴, 선만鮮滿 노동농민층에 대한 혁명적 준비공작, 위조지폐 남발을 통한 만주국의 경제교란, 특무활동으로 물자획득' 등 다섯 가지였다.

1기생의 훈련장소는 보안을 유지하고자 난징 시내에서 동쪽으로 시내를 벗어나 항저우杭州로 가는 닝항공로寧杭公路를 따라 16km 정도 떨어진 탕산전湯山鎭에 마련했다. 그것도 탕산전 소재지를 벗어나 시골 마을에 터를 잡은 선사묘(善祠廟 혹은 善寺廟)라는 사찰로 선정했다(그 건물은 1994년 무렵에 상하이와 난징 사이를 잇는 고속도로를 건설하면서 허물어져 없어지고 말았다).

이후 의열단은 1935년 9월까지 3년 넘는 기간 동안 1기 26명, 2기 55명, 3기 44명 등 모두 125명의 초급장교를 육성하

조선혁명군사정치간부학교 1기생 입교식(아래 사진 중앙에 선 인물이 교장 김원봉이라 여겨진다. 김시현도 참석했을 것이다. 1932년 10월)

였다. 학교의 정식명칭은 중국국민정부 군사위원회 간부훈련반 제6대인데, 이처럼 정식명칭을 중국국민정부 군사위원회 소속 훈련대로 쓴 이유는 일본과 마찰을 피하려는 데 있었다. 군사간부학교 설립은 한중연합 공작의 대표적인 결실이라 할 만하다.

1932년 6·7월에 중국국민당 군사위원회의 승인을 얻음으로써 지원이 확정되었다. 이를 바탕으로 1932년 9월에 의열단은 제6차 정기대회를 열고, "한중합작으로 군관학교를 설립하여 조선혁명당 조직에 필요한 전위투사를 양성한다."는 방침을 결정했다. 이는 의열단이 1928년 11월 창립 9주년 기념선언문에서 '개인폭력중심 노선에서 전투적 협동전선'으로 전환하겠다고 밝힌 방침과 연속선상에서 이해된다.

김시현에게 군사간부학교 소식을 알려주고 동참을 권한 인물은 톈진공과대학에서 영문학을 가르치던 김규식이었다. 그는 중국국민당 정부의 지원으로 난징에 군사간부학교를 세운다는 내용을 김시현에게 알려주면서 난징을 다녀오자고 권했다. 이에 김시현은 선뜻 찬성하고 김규식과 더불어 상하이를 거쳐 난징을 방문했다. 김원봉은 난징성 안, 남서쪽 구석에 있던 후지아화위엔胡家花園에 근거를 두고 한인청년을 받아들였다. 군사간부를 양성하려면 무엇보다 먼저 청년들을 모아와야

했다. 그러자면 곳곳에 거점이 필요한데, 베이징은 다른 어느 곳보다 중요한 거점으로 여겨졌다. 바로 그곳의 책임자로 김원봉이 김시현을 지목한 것이다. 의열단지부장으로서 군사간부학교 생도를 모집하는 '초모관' 일을 그에게 맡긴 것이다.

김시현으로서는 김원봉과 만나면서 만감이 엇갈렸을 것이다. 9년 앞서 1923년 톈진에서 만나 무기를 넘겨받고 국내투쟁을 다짐하면서 헤어졌지 않았던가. 그런데 불행하게도 서울에 도착하자마자 일경에 붙잡히는 바람에 거사는 실패했고, 오래토록 옥고를 치르고 나온 처지가 아닌가. 목적을 달성하지 못한 김시현으로서는 김원봉에게 미안한 점도 없지 않았을 터이고, 김원봉으로서는 투쟁을 펼치다가 붙들려 오랜 시간 옥고를 치르고 나온 그를 위로하는 마음도 가득했을 것이다. 그렇게 둘은 서로 격려하면서 새로운 투쟁방향과 임무에 대해 논의하였다. 그 만남에서 김원봉은 군사간부학교를 세우는 계획을 밝히며, 김시현에게 새로운 임무를 주었다. 군사간부학교에 입교시킬 생도, 곧 학원學員을 모집하는 것이 그 임무였다.

군사간부학교를 유지하려면 생도모집이 가장 중요한 일이었다. 그는 생도를 모집하는 '초모관' 일을 맡으면서, 활동을 펼칠 전방지역의 거점을 배정받았다. 그가 맡을 구역은 베이징을 중심으로 국내와 만주, 화베이와 화중 지역을 아우르는 넓은 곳이었다. 의열단 베이징지부장이라는 직책도 바로 그러한 임무를 포함한 것이었다.

실제로 김시현이 베이징에서 난징으로 신입 생도요원을 동행하여 연결시킨 사례 가운데 하나가 바로 안동 출신 이육사 李陸史였다. 김시현은 이육사와 함께 1932년 9월 중순에 베이징을 떠나 난징으로 향했다. 일행은 김시현과 이육사, 이육사의 처남 안병철, 이육사에게 역시 군사간부학교 진학을 권유한 의열단 간부 윤세주 등 네 명이었다. 베이징에서 기차로 출발한 일행은 난징의 대안, 즉 양자강 건너편 항구인 푸커우역(浦口驛; 현 난징북역南京北驛)에 내렸다. 여기에서 미리 연락을 받고 나온 이춘암李春岩을 만났다. 이춘암이 지정해 둔 여관에 이육사와 안병철이 머무는 사이에 김시현과 윤세주는 이춘암과 함께 먼저 김원봉을 만났다. 그런 뒤에 김시현과 김원봉 등 일행이 여관에 도착하여 이육사를 만나게 되었다. 베이징에서 김시현과 함께 왔던 이육사·윤세주·안병철은 모두 군사간부학교 1기생으로 입학했다. 그가 왜 청년들과 난징으로 이동했는지 쉽게 짐작이 가는 대목이다.

김시현은 의열단의 주요 간부로 활동을 이어나갔다. 군사간부학교 1기생이 졸업한 뒤, 그는 의열단 지도부 대표 자격으로 1933년 6월 말 난징에서 열린 의열단 전체회의에 참석했다. 이틀에 걸쳐 열린 회의는 난징 교외에 자리 잡은 샤오링孝陵 근처 어느 사원에서 중국국민정부 군사훈련반 제5대의 학교 강당에서 막을 열었다. 의열단장 김원봉을 비롯하여 8명의 교관과 김시현을 비롯한 4명의 지방출석단원, 1기 졸업생 가운데 18명이 그 자리에 참석하였다. 회의에서 김시현은 김원봉과 함께 7명의 중앙집행위원 가운데 한 사람으로 뽑혔다.

이 무렵 김시현이 베이징에 근거지를 두고 벌인 활동에는 의열단의 군사간부학교만이 아니라 중국군관학교에 입학시킬 한인청년을 모집하는 임무도 있었다. 윤봉길의거 이후 김구가 장제스와 1934년에 회담을 하여 한국 독립운동에 대한 적극적인 도움을 요청했고, 그 결실 가운데 하나가 뤄양洛陽에 중국중앙군사위원회 정훈반, 곧 중앙군관학교의 뤄양분교에 한인청년을 대상으로 특별과정을 만든 것이었다. 김구는 이 과정의 훈련을 맡을 인물로 당시까지 만주에서 활동하던 한국독립군 사령관 이청천을 초빙하였고, 여기에 김구와 이청천 및 김원봉이 모집한 청년들이 참가하였다. 이런 과정에서 김시현은 베이징에서 난징과 뤄양, 그리고 만주를 연결하는 중요한 임무를 도맡았다. 만주 한국독립당 간부이자 한국독립군에서 이청천의 참모였던 이우정李宇精과 김상덕金尚德이 베이징에서 머물던 곳이 바로 김시현이 살던 곳이었다는 사실이 그런 정황을 말해준다.

10

배신자를 처단하다

그가 의열단 간부로서 펼친 활동에는 배신자를 처단하는 일도 있었다. 1933년 베이징 지역에 군사간부학교 1기생 출신 한삭평韓朔平(일명 박준빈朴俊彬)이 파견되어 활동하고 있었는데, 김시현은 그가 변절하여 일제의 밀정 노릇을 하고 있다는 사실을 알아챘다. 한삭평은 앞서 난징에서 열린 의열단 전체회의에서 중앙집행위원으로 논의될 만큼 동기생 가운데 신망이 높았다. 그래서 그에 대한 조사와 평가는 무척 조심스런 일이었다. 추적 끝에 김시현의 판단대로 한삭평의 변절이 사실로 드러났다. 일제 검사가 작성한 보고서에 한삭평이 '재귀순再歸順'하여 첩자로 활동하고 있다고 기록되었는데, 이는 김시현이 제대로 보고 있었음을 말해준다. 특히 한삭평이 '재귀순'했다는 점은 이미 그 앞서도 일제에 투항한 일이 있었다는 말이기도 하다. 또 같은 기록에는 김시현이 한삭평을 밀정이라고 판단하고 처단하려 들자, 한삭평이 그 기미를 알아채고서 '자수'했다고 적혀 있다.

김시현은 한삭평을 제거하려고 치밀한 계획을 세웠다. 1934년 10월 그는 황푸군관학교 4기생이자 당시 군사간부학교 교관이던 노을룡盧乙龍(일명 노일룡盧一龍)과 다른 한 명의 요원을 데리고 한삭평을 처단하러 베이징으로 갔다. 일경이 한삭평을 보호하고 있기 때문에, 김시현과 동료들은 면밀한 준비를 거쳐 마침내 그를 처단하는 데 성공했다. 그러나 김시현은 불행하게도 일제 경찰에 쫓기다가 검거되고 말았다.

1929년에 대구형무소를 나온 지 6년 만에 그는 다시 구금 생활을 시작했다. 그는 1935년 2월 15일 살인미수 혐의로 경성지방법원에서 징역 5년을 언도 받은 뒤 일본 나가사키 형무소에 송치되었고, 1년 반가량 예심을 거치면서 심하게 고통을 당했다. 그 가운데 예심판사 다무라田村가 그를 회유하려고 시도하기도 했다. 1991년 이종률은 김시현·권애라 부부의 회고를 듣고 회고담을 다음과 같이 정리했다(이종률, 《조국을 세우기 위한 투쟁의 일생—김시현 선생과 그 영부인의 전기》, 1961).

다무라: 한번 사담私談으로서 물어보겠는데 조선독립운동의 방향을 바꿔서 할 의사는 없는가?

김시현: 방향을 바꾸다니 무슨 말인가?

다무라: 일본과 협력해서 하자는 말이다.

김시현: 현재에도 일본의 정의로운 인민들은 우리 독립운동을 지원하고 있다.

다무라: 그런 의미가 아니라 일본 국가와 협력해서 할 의사는 없는가 말이다.

김시현: 우리는 일본 국가세력과 일본 정의인민의 세력을 구분해서 보고 있다. 후자는 우리의 벗이지만, 전자는 우리와 양립할 수 없는 세력이라고 생각한다.

다무라: 그대가 공산주의자인 것은 아니겠지?

김시현: 그렇다. 나는 공산주의자가 아니다.

다무라: 그러면 우리 국가와 협력할 수도 있지 않겠는가?

김시현: 우리 조선동포는 극히 소수인 친일주구배를 제외하고는 모두 일본국가에 반감을 내심內心으로 품고 있다. 그러나 그들이 모두 공산주의자인 것은 아니다.

다무라: 피고는 이제 만주사변이 일어난 것을 아는가?

김시현: 알고 있다.

다무라: 대동아주의의 원칙에서 일본국가와 협력하여 만주국과

조선은 무슨 형태로든 그 원칙 밑에서 독립을 할 의사는 없는가 말이다. 여기에 피고가 마음으로부터 공명한다면 피고는 곧 석방의 혜택을 받게 될 수도 있을 것으로 생각한다.

김시현: 물론 나는 오늘이라도 석방되었으면 싶다. 그러나 그것은 나가서 옳은 독립운동을 하기 위한 것이지 다른 욕망은 없다.

다무라: 그러면 피고는 중형도 각오한단 말인가.

김시현: 물론이다. 우리는 어디까지든 완전독립의 달성이냐, 그렇지 않고 그 달성을 위한 투쟁이냐 하는 것뿐이다. 그 밖엔 누구와의 타협도 반가워하지 않고 중형이나 그 이상의 것을 두려워하지도 않는다.

예심판사가 회유하려 했지만, 김시현은 철저한 투쟁성을 나타내 보였다. 일본과 협력하자는 제안을 받았지만, 그는 일본 국가세력과 일본 정의인민의 세력으로 구분해서 이미 후자와는 협력 투쟁하고 있다고 주장하였다. 또 조선인들이 일본국가에 반감을 품는다고 하여 모두 공산주의자는 아니라고 밝혔다. 독립운동가 안에 있는 공산주의 세력을 일제와 한국 독립운동가의 공적公敵으로 이분화하려는 예심판사의 의도를 주저앉혀 버린 것이다. 끝으로 일제가 큰형이 되는 대동아주의의

틀 안에서 독립하는 방안을 말하자 완전독립만이 길이라는 점을 밝히면서, 하루라도 빨리 나가고 싶지만 그 이유는 오로지 독립운동 때문이라는 점을 분명히 했다.

문답이 오고간 뒤 공판을 거쳐 김시현은 징역 5년형을 선고받았다. 그리고 처음 붙잡혔을 때부터 계산하면 거의 5년을 꼬박 채운 1939년 9월 8일에야 나가사키형무소에서 풀려났다. 그는 도쿄로 갔다가 이듬해 1월 서울로 돌아와 아내와 아들·딸을 만났다. 그리고 4월에는 다시 베이징으로 건너갔다. 참으로 지칠 줄 모르는 투쟁의 길이었다.

그해 겨울에 일본은 진주만을 기습하면서 제2차 세계대전에 뛰어들었다. 김시현도 전시에 맞는 투쟁을 찾아 나섰다. 대한민국 임시정부는 광복군을 창설하여 조직을 확대하고 있었고, 조선의용대는 중국의 각 전구로 파견되어 정보수집과 대적공작에 열을 올리고 있었다. 다만 만주에서 활약하던 중국공산당 소속 동북항일연군은 대부분 쇠락하여 사라지고 일부는 하바로프스크로 빠져나간 상태였다. 따라서 그가 뛰어들 수 있는 공간은 전시체제 속에서 찾아야만 했다. 의열투쟁이든 소규모 군사조직이든 사람을 모으고 움직여 나갈 수 있는 틀을 만들어야 했다. 하지만 너무 오랫동안 옥고를 치른 뒤에 나온 처지라 바탕을 다지는 데 시간이 필요했다. 그래서 그는 다시 국내로 들어와 동지들을 만나고 논의하기로 했다. 박시목朴時穆과 장건상張建相이 그때 만난 대표적인 인물이다.

그는 나라 밖으로 빠져나가려다가 어찌 될지 알 수 없는 운명임을 생각하여 먼저 가족들을 만났다. 그때가 1941년 4월 중순 어느 날이었다. 이들은 창경원으로 갔고, 그 자리에서 "이번에 나가면 어찌될지 모른다. 한 번도 애비 노릇, 남편 노릇 못한 나로서 면목이 없다만, 이해하기 바란다."고 말했다. 그러자 아들 봉년은 "저의 나이도 금년 열아홉(만 열여덟)입니다. 저에겐 빵보다도 꽃구경보다도 독립투쟁을 위한 일터를 주심이 아버님이 도리인줄 압니다."라고 되받았다. 이에 권애라도 "이번에 나가실 때 데리고 가셔서 젊은 동지의 하나로 일을 맡겨주시오." 하고 밀어붙였다. 또한 권애라는 자신의 행로에 대해서도 다음과 같이 말했다.

저도 가야지요. 저의 나이 마흔 둘입니다. 당신을 모스크바에서 만나 21년이라는 세월을 보냈습니다. 그동안 욕을 참고 비밀을 지키고 장래를 기대하고 하는 것만이 저의 생활이었습니다. 이제는 독립의 시기도 다가섰고, 또 봉년도 성년에 가깝고 하니, 나는 누구의 어머닌 것보다도 누구의 아내인 것보다도 일 있는 조국의 딸의 하나로서 일해야 하겠소.

　독립운동가 가족의 대화는 이렇게 진행되었다. 그러고 나서 서울을 떠난 이들의 발걸음은 6월 베이징으로 향했다. 모스크바에서 결혼한 뒤로 19년 세월 동안 10년 넘게 옥중생활을 보내고, 나머지 시간도 대부분 만주를 비롯하여 중국 관내 지역을 돌며 투쟁 전선에서 움직이는 바람에 그냥 가족이라고 부르기에는 알맞지 않았다. 그런데 이제 일본이 중국을 침공하고 세계전쟁으로 치닫는 상황에서, 머지않아 최후의 결전이 펼쳐질 것이라고 권애라는 내다보고 있었고, 그래서 여기에 아들과 더불어 스스로 뛰어들고자 다짐했던 것이다.

　아들 봉년이 김시현을 친아버지로 알게 된 때는 대개 이 무렵이라 짐작된다. 1929년 대구형무소를 나섰을 때는 아직 그런 말을 들을 때가 아니었고, 나가사키형무소를 나온 1939년 이후라야 만날 기회가 왔지만, 권애라는 아들에게 김시현의 존재를 사실대로 말하지 않은 것으로 알려진다. 그러므로 아버지 김시현에게 자신의 존재를 확인하고 함께 투쟁의 길에 동행할 것을 요구한 계기는 이날 창경원 나들이였던 것이다.

일본이 진주만을 기습하고 태평양전쟁을 일으킨 뒤 만주와 베이징 일대의 정황은 복잡해졌다. 1940년대에 들면 관동군과 만주군이 휩쓸고 있는 현장인 데다가, 항일투쟁을 벌이던 동북항일연군은 사실상 종말을 고했다. 일제에 저항하는 유격전이 없어지지는 않았지만 1930년대만큼 격렬하지 못했다. 그래도 도시를 중심으로 지하조직을 만들고 소규모 게릴라투쟁을 벌이는 일은 줄곧 이어졌다.

이런 시기에 베이징으로 갔던 김시현 가족들이 어떤 활동을 펼쳤는지는 그의 회고담에서 일부가 확인된다. 다른 자료에서 구체적으로 나오지는 않으나, 그의 회고를 중심으로 간단하게 정리하면 이렇다. 그는 먼저 중일전쟁이 깊어가는 상태에서 항일민족전선군을 조직하고, 일본에 선전포고하며, 대한민국 임시정부와 옌안의 화베이조선독립동맹 등에 대표를 보내 알렸다. 그리고 창춘과 지린 사이에 있는 영신농업학교를 중간 거점으로 삼아 청년들을 모아서 훈련장이나 전투지로 보내기로 계획을 세웠다. 여기에 박시목·노석호·박희규 등이 함께 움직였고, 아내와 아들도 연락책이나 거점을 지키는 임무를 맡았다. 그러다가 불행하게도 그는 일본 헌병대에 다시 붙잡혔다. 해방 뒤에 딸 원림이 지린시 시쟈툰施家屯에서 태어났다고 출생 신고한 것은 바로 영신농업학교가

베이징 쯔진청紫禁城 구룡벽 앞에 선 김시현·권애라 부부

있던 곳을 가리킨다.

베이징주재 일본영사관 구치감에 갇힌 김시현은 1년이라는 긴 세월을 미결 상태로 지냈다. 그곳은 조선의용대원 이원대와 민족시인으로 유명한 이육사가 최후를 맞은 베이징 뚱창후통東廠胡同 1호 영역 속에 있었다고 짐작된다. 이곳에서 기한 없이 갇혀 있지 않고 적어도 예심만이라도 진행되자면 국내로 옮겨가야 했다. 그래서 김시현은 항의의 표시로 단식투쟁을 벌였고, 35일 만에 서울의 일본 헌병대로 옮겨졌다. 이 과정에서 단식으로 건강이 악화되었고, 위독한 상황이 되자 보석으로 풀려났다. 하지만 쇠약해진 몸을 추스리지도 않고 그는 다시 베이징으로 탈출하였다.

1944년 4월, 김시현은 다시 검거되었다. 몸은 이미 상할 대로 상한 데다가 숱한 고문으로 말미암아 회복하기 힘든 지경이었다. 이 무렵 아내와 아들도 마찬가지로 옥고를 치렀다. 지린 영신농장에 갔다가 1943년에 일본군에게 붙잡혀 지린시 일본 헌병대에 넘겨졌고, 창춘형무소에서 옥고를 치르다가 해방 이틀 앞서 1945년 8월 13일 풀려났다.

김시현은 이듬해 1945년 봄에 서울로 옮겨졌고, 말로는 다할 수 없는 고생을 겪다가 광복을 맞아 마침내 자유로운 조국의 품에 안길 수 있게 되었다.

서울로 옮겨지던 1945년 봄에 첫 부인 김오월이 세상을 떠났지만, 김시현은 감옥에 있어 장례에 참석하지 못했다. 자신보다 한 살 많은 아내에게서 딸 한 명을 두었지만 일찍 죽었고, 종가를 이을 후손을 두지 못했다. 집밖에서 전전하며 독립운동에만 몰두하던 남편을 만날 길이 없던 종부는, 남편의 귀향을 기다리는 망부석 같은 일생을 보냈던 셈이다.

김오월의 사망시기에 대해서 족보에는 경오년(1930년)으로, 호적등본에는 1945년 4월 12일로 적혀 있다. 김오월을 기억하는 집안 사람의 이야기로는 해방직전까지 살았다고 하니, 호적등본의 기록이 옳아 보인다. 그러므로 김오월이 세상을 떠났을 때 김시현은 서울로 옮겨져 옥고를 치르고 있었다. 그로서는 아내에게 미안하기 짝이 없는 일이 아닐 수 없다, 일찍부터 집밖으로 나섰고 나라 안팎을 떠돌면서 고향을 들린 일이 없지 않았던가. 더구나 바깥에서 신여성을 만나 결혼하고 아이까지 두었으니, 종가의 맏며느리로서 붙박이처럼 살아온 김오월에게는 한없이 미안한 마음이었을 것이다. 그런 데다가 세상을 떠난 아내의 임종과 장례조차도 참석하지 못했으니, 그의 심정이 어떠했을지 짐작이 간다.

김시현은 해방 뒤에야 비로소 고향마을을 찾았다. 권애라와 아들 봉년도 고향마을 근처에 터를 잡고 얼마 동안 살았다.

하지만 그 기간은 짧았다. 그는 서울로 옮겨 조용하면서도 다
양한 활동을 펴나갔다.

11

한동안 지켰던 침묵, 정치에 나서지 않고

　광복을 맞은 서울에서 김시현은 먼저 몸을 추슬러야 했다. 그렇지만 수많은 정치세력이 조직되고 서로 목소리를 높이면서, 김시현에게 손을 내미는 일이 허다했다. 안재홍·여운형·송진우 등이 방문하여 그를 자신이 속한 정치세력에 끌어들이려고 설득하였다. 그러나 김시현은 손사래 치며 뒤로 물러앉았다. 정치활동보다는 동포구제가 먼저라고 생각했기 때문이었다. 그래서 그는 고려동지회를 조직했다. 광복을 맞은 지 한 달 지난 9월이었다.

　고려동지회는 일본에 머물고 있던 '전쟁 피해 동포'를 구호하고, 귀환동포를 구제·구호하며, 이들을 계몽하는 데 목적을 둔 조직이었다. 그의 뜻에 공감한 500명 정도가 여기에 참여하였다. 이러한 그의 노력은 미군정기 동안 계속되었는데, 1947년 10월에는 재중국동북동포구제회 발기인대회를 여는 단계까지 줄곧 이어졌다. 여기에서는 김구를 명예위원장, 김규식을 위원장으로 추대했고, 김시현과 신숙은 부위원장을 맡았다.

또 하나 김시현은 독립운동사를 편찬하는 일에도 발을 내디뎠다. 1945년 10월 18일 조선독립운동사 편찬 발기인회가 열렸고, 김시현도 그 자리에 참석하였다. 발기인은 그를 비롯하여 권동진·오세창·김창숙·홍명희·허헌 등 44명이었는데, 1923년에 함께 무기를 반입하는 데 손잡았던 황옥도 발기인 가운데 하나였다.

이들은 회의에서 종로 2가 영보永保빌딩에 조선충의사를 두어 독립운동사 편찬 작업을 펼치기로 합의하고, 이종린李鍾麟을 회장으로 추대하였다. 또한 순국열사를 기리는 위령제를 올리고, 해방기념탑을 세우자고 결의하였다. 계획대로 진척이 되었는지 알 길이 없으나, 김시현이 광복을 맞은 뒤 독립운동사 편찬에 관심을 가진 사실만은 확인된 셈이다.

세 번째로 김시현은 안동 출신 의열투쟁가 김지섭을 기리는 행사에 앞장섰다. 1945년 11월 3일 '추강 김지섭 선생 사회장'을 성대하게 열었다. 김지섭은 1923년 9월 1일 관동대지진 당시 재일동포들이 일본인에게 집단 학살을 당하자, 의열단 대표로서 응징에 나섰다. 그는 1924년 1월 5일 저녁 일본

도쿄에 있는 황거皇居 입구 니주바시二重橋에 폭탄을 던지는 의거를 결행했다. 이는 동포들을 학살한 일제 침략과 통치의 총수에게 책임을 묻는 거사였다. 이로 말미암아 김지섭은 무기징역형을 선고받았다가 1927년 20년형으로 형기가 줄었다. 그런데 만 44세 되던 1928년 2월 20일 치바형무소에서 갑자기 순국하였다. 아우 김희섭이 유골을 안고 귀국하여 3월 8일 일경의 감시 속에 오미동 옛집 뒷산 장판재 동쪽에 봉분도 없이 평평한 상태로 묻혔다.

마음대로 묘를 찾을 수도 없는 어두운 시절이 지나고 광복되자 정식으로 장례를 치르자는 제안이 나왔고, 이에 따라 사회장을 추진한 것이다. 장례위원장은 홍범식의 아들 홍명희가 맡고, 김시현은 장의집행위원장을 맡았다. 예천군 호명면 직산동 선영先塋에서 김시현은 장례식의 사회를 보았고, 건국동맹·고려동지회와 각 지방 인민위원회와 농민단체 등 20여 단체에서 1천여 명이 모여 성대하고도 엄숙하게 장례를 치렀다.

당시 정국은 여러 정치세력들의 이합집산으로 쉴 틈이 없을 지경이었다. 김시현은 근본적으로 대한민국 임시정부를 지지했고, 이를 중심으로 해방 뒤 정국을 살피면서 통일을 이룩해야 한다고 생각했다. 김시현은 삼일동지회에 나아가

막 환국한 대한민국 임시정부를 지지한다는 뜻을 밝히기도 했다. 그렇지만 정치적인 일에는 나아가지 않고 귀환 동포를 보살피거나 독립운동가를 기리는 일에 힘을 쏟았다.

12

드디어 정치활동에 나서다

김시현이 정치활동에 나선 때는 1947년에 들어서였다. 이
때는 통일민족국가로 갈 것인지, 아니면 남북분단으로 귀결
될 것인지를 결정하는 갈림길에 서 있었던 매우 중요한 시기
였다. 이때 그를 찾은 사람이 김규식이었다. 이미 1922년 극
동민족회의에, 또 1932년 의열단이 세운 조선혁명군사정치간
부학교에 참가할 때도 두 사람은 형과 아우로 부르는 가까운
사이였다. 그래서 이 무렵 김시현은 김규식이 추진하던 좌우
합작위원회에 참가하여 위원으로서 활약하기에 이른다.

여기에서부터 김시현은 중도세력의 목소리를 모아 통일을
지향하는 길을 걷기 시작했다. 1947년 6월 18일 그는 좌우
합작위원회 위원으로 들어갔다. 주석은 김규식·여운형이 맡
고, 전형위원으로는 안재홍·원세훈 등 8명이 활약하였는데,
그날 김시현은 고려동지회 대표 자격으로 위원이 되었다.

또한 1923년에 함께 의열투쟁을 벌였던 유석현도 민주통일당 대표로 함께 들어갔다.

이때 추진된 좌우합작은 중도파와 미군정이라는 두 갈래로 나뉘어 진행되었다. 그런데 둘은 목표가 서로 달랐다. 여운형이 주도하여 뭉친 중도좌파는 중도세력이 중심이 되어 미소공동위원회를 다시 열고 민주주의임시정부 수립에 동의하는 세력을 끌어내는 데 목표를 두었다. 그러나 김규식이 주도한 중도우파의 목표는 미군정 지지를 끌어내 중도세력의 독자성을 확보하고, 미소공동위원회를 전제로 하여 남북합작으로 묶어가는 것이었다.

이와 다르게 미군정은 좌파에서 중도좌파를 빼내 중도우파에 결합시켜 정치기반으로 삼으려고 했다. 이를 중심으로 과도기의 입법기구를 설치한 뒤에 다시 열리게 될 미소공동위원회에서 미국의 입지를 강화하고, 단독정부가 수립될 경우 지지세력을 확보한다는 것이 미군정의 목표였다. 이처럼 서로 목표가 달랐던 터라 모든 것이 의도대로 되지 않았다.

중도파는 시국대책협의회를 열면서 좌우합작위원회를 강화하고 활발한 운동을 펼치려고 하였다. 그런데 7월 19일 여운형이 암살되면서 좌우합작위원회가 중심이 된 활동은 주춤하게 되었다. 더불어 제2차 미소공동위원회도 성과 없이 흩어지고 말자, 한반도 문제는 유엔으로 이관되었다. 중도파는 심각한 판세를 헤아리고 김규식을 중심으로 좌우편향성을 극복하면서 민족자주노선을 지향하고자 미소공동위원회 대책협의회·민주주의독립전선·시국대책협의회·좌우합작위원회를 발전적으로 해소하고 1947년 10월 1일 민족자주연맹 결성준비위원회를 결성하였다. 이런 노선에 김시현은 핵심부에서 움직였다. 김규식이 준비위원장, 김시현은 재무위원장을 맡았고, 12월 20일 민족자주연맹이 정식으로 출범하면서 김규식은 위원장, 원세훈·홍명희 등 7명이 정치위원, 김시현은 중앙집행위원을 맡았다.

민족자주연맹의 당면 문제는 정부 수립이었다. 그런데 미국은 소련과 합의가 되지 않으면 유엔에 한국 문제를 넘겨 해결한다는 방침을 굳히고 있었다. 제2차 미소공동위원회가 결렬되자 미국은 한반도 문제를 유엔으로 이관시켰고, 1948년 1월 유엔한국임시위원단이 파견되기에 이르렀다. 이에 민족자주연맹은 남북의 통일선거를 실시하여 중앙정부를 수립하자고 주장하면서 단독정부 수립에 반대하였고, 끝내 남한만의 단독선거가 진행되자 여기에 참여하지 않기로 결정했다. 김시현도 선거에 나서지 않았다. 마지막 노력으로 남북지도자회의를 소집하고자 활동했고, 4월 19일 평양 모란봉

극장에서 전 조선 정당 사회단체 대표자 연석회의가 열리게 되었지만, 끝내 남북을 하나로 묶는 정부를 세운다는 목표를 달성하지 못했다.

13

국회의원이 되다

　김시현은 대한민국 정부가 수립된 뒤에도 한참 동안 정치
계에 발을 들여놓지 않았다. 거듭되는 요구에도 애써 외면하
고 지내던 그에게 김규식이 참여를 요구하자, 1949년 2월 민
족자주연맹에 얼굴을 드러냈다. 그리고 그해 9월부터 민주국
민당에서 본격적인 행보를 보이기 시작하였다.

　민주국민당은 1949년 2월 10일 한국민주당이 주도하여 탄
생했다. 한국민주당이 제헌의원 선거에서 패배한 데다가 초
대 내각 구성에서 소외를 당하자, 이승만에 대한 반감이 작용
하여 당세 확장을 목표로 결성한 정당이었다. 여기에 신익희
의 대한국민당, 이청천의 대동청년단도 참가하였는데, 김시
현은 잠시 나타났다가 9월에 가서야 본격적으로 모습을 드러
냈다. 그는 민주국민당 전당대회 준비위원회 총무부 업무를
맡고, 10월에는 고문으로 선출되었다.

김시현이 정치에 나서게 된 것은 시대적 과제가 대두했기 때문으로 짐작된다. 1949년 6월부터 이승만 정권의 총공세가 이어졌고, 이것이 그의 행로에 영향을 준 것으로 진단하는 연구가 이를 말해준다. 사실 이보다 앞선 시기에는 민족자주연맹을 중심으로 분단 현실을 인정하되 통일을 지향하는 것이 대세였다. 그러나 1949년 6월 이후 이승만의 총공세가 펼쳐지자 중도파는 현실참여로 방향을 잡았고, 김시현도 보궐선거에 출마하는 것으로 가닥을 잡아 나갔다. 이때 김시현은 민주국민당 김성수의 부탁을 받고 김규식을 당수로 옹립하는 데 거중조정 역할을 맡기도 했다. 물론 김규식의 영향도 빼놓을 수 없는 중요한 요인이었을 것이다.

　여기에서 말하는 이승만 정권의 공세란, 정권을 계속 잡으려고 펼친 다양한 조치들을 말한다. 극우 반공공세, 국회프락치 사건, 반민족행위 특별조사위원회 사무실 습격, 김구 암살 사건, 국민보도연맹 결성 등이 줄을 이었다. 한 마디로 극우 반공체제가 구축되는 한편 중도세력은 극히 약화되는 추세였다. 중도세력에서 이를 만회하려면 새롭게 결집해야 했고, 김시현이 민주국민당의 초청을 받아 정치계로 나가게 된 이유도 여기에 있었던 것으로 보인다. 이러한 정황에서 김시현은 1949년 10월에 민주국민당 고문으로 추대되었고, 그 다음 해인 1950년 5월 제2대 국회의원 선거에서 민주국민당 소속으로 안동 갑구에 출마하였다.

그의 선거유세를 지켜본 안동 사람들은 지금도 그의 연설 장면을 기억한다. 내용은 기억하지 못해도, 혀 짧은 그의 목소리와 말씨를 기억하는 사람들을 지금도 곳곳에서 만날 수 있다. 일제 경찰의 고문에 어떤 정보도 넘기지 않으려고 혀를 깨물어 저항했고, 그 바람에 혀끝이 잘려나갔던 탓이다. 일제에 얼마나 처절하게 저항했는지, 얼마나 투쟁정신이 강렬했는지를 보여주는 이야기 한 토막이다.

이종률은 전기에서 김시현이 본래 의회주의자가 아니었다고 썼다. 모든 일을 오직 의회에 맡겨 해결하고 발전시키는 방법이 최선은 아니라고 생각했다는 것이다. 그랬던 김시현이 갑자기 민의원 선거에 출마한 이유에 대해, 선거유세에서 다음과 같이 말했다고 이종률은 증언했다.

나는 들어가서 싸우기 위해 국회로 가보렵니다. 내가 국회의원이 되고자 하는 것은 여러 가지 생각이 있어서입니다. 무슨 일을 어떻게 하는가 한번 보내놓고 봐 보십시오. 무슨 일을 한다는 것을 여기서 말할 수는 없습니다. 무엇을 한다고 사전에 설명하지 않는 이 태도가 건방지다 하여 표를 안 주시면 그래도

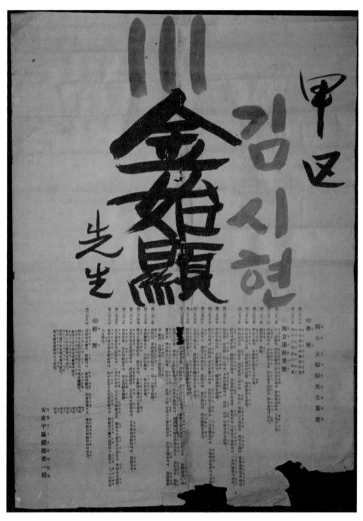

김시현의 제2대 국회의원 경상북도 안동 갑구 선거 포스터

할 수 없습니다.

그가 선거에 출마하면서 내붙인 포스터가 지금까지 남아 있다. 기호 3번으로 출마한 그의 벽보에는 1950년 현재 금남영생고아원 설립 운영, 동양공과대학 학장, 민주국민당 고문 등의 이력이 적혀 있다. 금남영생고아원이 어디에 있었는지는 확실하지 않다. 동양공과대학은 영등포 본동에 있던 동양공과학원인데, 동양공업전문학교를 거쳐 지금은 동양미래대학교로 이름을 바꾸었다.

1950년 6월 1일에 치러졌던 제2대 국회의원 선거에서 김시현은 안동 갑구에서 9,508표를 받아 당선되고, 권중순權重純이 차점자로 8,426표를 얻었다. 쉬운 선거가 아니었음을 득표수가 보여준다. 이렇게 국회로 진출했지만 한 달도 되지 않아 6·25전쟁이 일어나는 바람에 혼란에 빠져 버렸다.

대통령 이승만은 서울을 사수한다고 공언하고서 미리 빠져나가 대전을 거쳐 급하게 부산으로 피난하였다. 그러는 사이에 국회의원들은 우왕좌왕하다가 탈출한 사람도 있었고, 빠져 나가지 못한 사람도 있었으며, 서울에 남았던 사람도 있었다. 김시현도 서울에 남았다. 그는 미아리에 있던 숙부 김의동의 집으로 피신했다. 김의동은 바로 그가 처음 서울로 유학했을 때 돌봐주던 숙부였다.

그런데 숨어지내다가 서울이 수복되고 나서 뒤늦게 임시 수도 부산으로 모여든 국회의원들에게는 새로운 올가미 하나가 씌워졌다. 전선에서 빠져나오지 못한 것인지, 나오지 않은 것인지에 대한 자기비판과 반성을 요구하는 일이 벌어진 것이다. 의미가 없는 일인지라 뒤에는 적에게 자수한 의원에 한정했지만, 이마저도 마찬가지였다. 탈출하지 못해 붙잡혔을 뿐이지 결코 북한군에게 자수한 것이 아니었기 때문이었다. 장건상·여운홍·박순천 등이 모두 그러했다. 김시현도 심사대상에 올랐으나 끝내 거부하고 응하지 않았다.

부산에 피난해 있던 1951년, 김시현은 민주국민당 상무집행위원회 부의장을 맡았다. 김성수가 의장을 맡았고, 최고위원회 의장은 신익희, 중앙집행위원회 의장은 백남훈이 맡았으며, 대의원 의장은 지청천, 사무총장은 조병옥 등이 맡았다. 1952년 상반기까지 그는 민주국민당 출신 국회의원으로 활동했다. 그리고 평생의 마지막 거사를 준비하기에 이르렀다. 바로 대통령 이승만 저격 기도였다.

김시현은 이승만이 독재의 길을 걷고 있으며 앞으로도 더욱 그러할 것이라 판단하였다. 그는 이승만이 민주주의라는 이름을 내세우면서도 권력을 자신의 손아귀에 틀어쥐려 어떠한 불법 행위도 저지를 수 있는 인물이라고 보았다.

이승만은 1951년 8월 15일 광복절 기념사에서 대통령직선제를 들고 나왔다. 이듬해에 치러질 대통령 선거가 기존 헌법대로 국회에서 치러진다면, 자신이 연임할 수 없을 거라는 사실을 잘 알고 있었기 때문이다. 그래서 11월에 대통령 직선제를 국회에 정부안으로 제출하였지만, 이듬해 1952년 1월 부결되었다. 그러자 국회를 압박하려고 관제 데모를 벌였다. 이에 맞서 국회는 내각책임제 개헌안을 제출하였고, 이를 거부하는 데모가 이어졌다.

5월 15일을 지나면서 정부가 동원한 민족자결단·백골단 등의 폭력조직이 관제 데모대에 가담하여 국회의원 소환과 국회 해산을 외쳐대며 부산 거리를 누볐고, 국회의장 신익희의 집을 둘러싸며 압력을 가했다. 5월 26일에는 국회의원 50명이 넘게 탄 통근버스를 헌병이 강제로 붙잡아 끌고 가서 국제공산당에 연루되었다는 이름으로 10명을 잡아넣었다. 연금과 테러가 이어졌고, 끝내 그해 7월 4일 '발췌개헌안'이라 부르는 대통령직선제가 헌병들이 지켜보는 삼엄한 분위기 속에 통과됐다.

이렇게 이승만은 권력을 장악하고자 수단과 방법을 가리지 않았다. 파행이 계속되자 김시현은 다시 의열투쟁의 정신으로 자신을 가다듬었다. 상황을 빨리 해결하지 못하면 권력독점과 불법장악이 오래도록 이어질 것이고, 그렇게 되면 민주주의를 제대로 구현할 수 없다고 판단한 것이다. 그리고 파행을 끝낼 수 있는 방법은 오로지 이승만을 제거하는 방법뿐이라는 단안을 내렸다. 그는 5월 7일 민주국민당을 탈퇴하였다. 자신의 결단과 행위가 민주국민당에 부담을 주어서는 안 된다고 생각했던 것이다. 그리고 의열단 투쟁을 함께 벌였던 동지들을 찾아 계획을 말하고 동의를 얻었다. 6·25전쟁 2주년 기념식에서 대통령을 저격하는 것이 그의 계획이었다. 김시현과 류시태가 거사를 논의한 대목을 이종률은 다음과 같이 대화 장면으로 정리하였다.

"사람의 생명을 뺏는다는 것은 좋은 일은 아니야. 그러나 그대로 두면 수많은 백성과 애국자가 죽게 되니 말이야."
"그럼 한 번도 진실한 애국자가 되어 본 일이 없는 그이는 이번에 자기의 생명을 내어놓음으로 비로소 한 번 애국자의 노릇을 하라고나 하지."
"죽여 버리지 않고는 조국이 위기에서 구해질 수 없으니 다른 생각 말고 결정한 대로 실행하세."
"물론 실행해야 되지 두말이 필요 있겠나. 그런데 기계가 잘들을지 모르겠다. 자네 시험해 보지는 안 했지."

"글쎄 말이야 탄환이 전부 네 개뿐이니 시험이고 무엇이고 해
볼 수가 있나 반드시 한 방에 엎어진다고 말할 수도 없고 또
한 방에 엎어진다손 치더라도 그 놈의 주구배가 총을 빼들고
덤빌지도 모르니 역시 탄환 몇 개는 여유가 있어야 해."

　김시현과 류시태는 함께 조국이 위기에 빠졌다고 생각했
다. 그리고 그 원류가 이승만의 권력 독점욕에서 비롯되었다
고 판단하고, 이를 끝장내기로 단안을 내린 것이다. 전쟁 발
발 기념식은 6월 25일 10시 50분경 부산 충무로 광장에서 열
렸다. 류시태는 김시현의 도움으로 권총을 모자 속에 넣은 채
식장 단상에 앉았다. 그리고 훈화를 진행하던 이승만의 뒤로
다가서서 권총을 발사했다. 하지만 세 번이나 발사를 시도했
음에도 총알은 한 발도 나가지 않았다. 현장에서 류시태가 붙
잡히고, 취조하면서 김시현이 주역이라는 사실이 밝혀지며
김시현도 잡혔다. 공보처가 발표한 조사결과를 정리하면 이
렇다.

　김시현은 류시태에게 권총 사용법을 8번이나 가르쳤다. 류
시태는 권총을 수건에 싸서 모자 속에 넣은 채로 기념식에
갔다. 김시현은 국회의원 신분을 이용하여 귀빈석에 앉을 수

있도록 손을 써서 류시태와 함께 자리를 잡았다. 대통령이 훈화하는 동안 류시태는 등 뒤 약 3미터 거리에서 권총 방아쇠를 세 번 당겼으나 발사되지 않았다.

부산시 영선동 2가 12번지 김시현의 집에서 그를 붙잡아 취조한 결과, 독일제 권총을 구입하여 류시태에게 사용법을 가르치고 현장에 동행한 것과 6월 23일 오후 2시경 시내 부평동 3가 6번지 안동약방에서 민국당원 4명과 모의한 사실도 드러났다. 공보처의 발표와 달리, 김시현이 류시태에게 권총 사용법을 가르칠 필요는 없었다. 류시태는 이미 의열투쟁에 참가한 경력이 있어 사용법을 알고 있었기 때문이다. 다만 총알이 네 발밖에 없어서 충분히 연습할 수는 없었고, 류시태는 미리 산 속에서 한 발만 시험삼아 쏴본 뒤 성능을 확인하였다는 이야기가 전해지고 있다.

관련 인물을 조사하면서 6월 28일 서상일과 노기용 등 민주국민당 요인들도 붙잡혀 들어갔다. 이승만측은 이 사건에 민주국민당 전체가 연관되었다고 정치공세를 펴나갔다. 하지만 주한 미국대사 무쵸는 그러한 주장이 사실과 다르다고 판단하였다.

김시현과 류시태 등 13명은 육군특무대에서 엄중한 취조를 거치고 7월 10일 영남지구 계엄사령부로 넘겨졌다. 7월

19일 예심조사를 마친 뒤 21일자로 기소되었으며, 김시현은 살인미수, 살인예비, 안녕질서에 관한 죄로, 류시태는 살인미수 혐의로 재판에 넘겨졌다. 그리고 8월에 부산지방법원에서 두 사람은 사형선고를 받았고, 대구고등법원과 대법원을 거쳐 무기징역으로 확정되었다. 항일투쟁기에 이미 여러 차례 옥고를 치른 두 사람이었지만, 이번에는 대한민국 정부에서 다시 감옥에 갇혀 오랜 세월을 보내야 했다.

김시현은 부산·마산·대구 등 여러 형무소로 옮겨졌다. 한 번도 감형되지 않은 채 무려 8년이라는 세월을 지내고, 1960년 4·19혁명 뒤에야 비로소 풀려날 수 있었다. 그의 예견대로 이승만의 권력독점은 상당히 오래 이어졌고, 끝내는 경북고등학교 학생들이 항거하고 일어난 2·28민주운동과 3·15부정선거에 이어 4·19혁명을 거쳐서야 비로소 이승만이 물러나게 되었다. 김시현은 겨우 자유를 되찾았지만, 이미 만 77세라는 고령이었다.

4·19혁명의 열기가 잦아들기 시작하던 6월, 김시현은 6·25전쟁 발발 기념일에 맞추어 특별사면이 되었지만, 복권까지 이르지는 못했다. 그래도 그는 사면되자마자 바로 눈앞에 닥친 7월 29일 민의원 선거에 무소속으로 안동 갑구에 도전하여 당선했다.

김시현은 나이도 많은 데다가 조직력도 없었다. 그런데도 그가 민의원에 당선될 수 있던 데에는 두 가지 힘이 크게 작용한 것으로 알려진다. 첫째로는 아내 권애라의 연설 솜씨였다. 이미 1919년 3·1운동 이전, 곧 스무 살이 되기 전부터 청중을 빨려들게 만든 연설 솜씨는 1920년대 초중반에 서울을 달구지 않았던가. 그 솜씨가 두 번째 국회의원 선거에서도 고스란히 드러난 것이다. 둘째로는 4·19혁명에서 활약했던 고려대학교 학생 유세단의 지원이 큰 몫을 했다. 항일투쟁으로 일생을 보낸 인물이 이승만을 축출하는 데 앞장섰다가 옥고를 치르고, 4·19혁명으로 출옥하였으니, 학생들의 의기로 보면 충분히 그럴 만했다.

　여기에서 한 가지 놓쳐서는 안 될 것이 있다. 김시현의 당선은 안동 사람들이 판단하고 선택한 결과라는 점이다. 항일투쟁의 업적만이 아니라, 반독재투쟁으로 기나긴 시간 옥고를 치르고 나온 그가 가진 역사적 정당성을 안동 사람들이 인정한 것이었다. 4·19혁명의 정신이 곧 반독재 민주화였고, 그 정신을 온몸 던져 실천한 인물이 곧 김시현이었다. 이를 높이 평가한 안동 사람들의 생각이 그대로 드러난 것이 바로 7·29선거의 결과였다는 말이다. 그는 5대 민의원 선거에서 가장 나이 많은 당선자가 되었고, 8월 7일 국회 개원식에서

1961년 4월 혁명으로 풀려나 안동에서 국회의원에 당선한 김시현이 국회 개원식 임시의장으로 사회하는 장면

임시의장을 맡았다.

　앞서 말했듯이, 김시현은 의회주의자가 아니었지만 국회에 들어갔다. 그는 새로운 사회를 만드는 방법을 국회에서 혁명적으로 찾으리라고 다짐하고 있었다. 안동에서 열린 귀향보고회에 사정이 생겨 참석하지 못하자, 김시현은 아들 봉년을 보내 보고문을 읽게 하였다. 그 내용 가운데 일부를 옮겨본다.

낙동천리의 푸른 강파가 조국 혈맥의 하나인양 이 안동의 복판에 관류되고 학가천년鶴駕千年의 높은 산색이 조국 기상의 일부인양 이 안동의 복판에 서서 있다면 안동은 조국을 세운 곳, 조국을 지키는 곳, 이 안동을 고향으로 하는 사람들의 조국애와 그 긍지는 실로 안동 사람들만이 느끼게 되는 하나의 자가도취의 일이라 할까 남과 다름이 있다 하겠습니다.

그날 봉건제 학문의 처지라 하여 이제는 새로운 해석을 가해야 하기는 하지만은 어쨌든 유학의 거종들인 퇴계와 서애와 대산大山(이상정)과 기타가 여기에 있었고 항일제抗日帝 민족혁명의 거장들인 석주石洲 이상희李象羲(이상룡)와 일송一松 김동삼金東三과 추강秋岡 김지섭金祉燮과 기타가 여기에 있었습니다. 시가전으로 싸우다가 넘어진 정의 전사戰死의 피가 거리를 물들인 그 장렬한 안동 3·1투쟁사건이 다른 데 아닌 여기에 있었고, 일제의 토지겸병과 가혹한 소작착취에 항거하여 일어선 그 장렬한 풍산 소작인쟁의사건이 다른 데 아닌 여기에 있었습니다.

동산東山 류인식柳寅植을 교장으로 한 협동학교協東學校가 우리 신흥민족교육의 선구자였다면 오늘에 있는 초등, 중등, 고등의 모든 안동의 교육기관은 이것 모두 협동協東의

얼을 이은 오늘의 민족교육부대가 아닐 수 없으며, 前日의
우리 안동을 일러 '영남의 웅부·사대부의 원림源林'이라 했다
면 오늘의 우리 안동은 '조국 성좌의 별 하나·항쟁하는 민주
전사들의 고향'으로 되지 아니할 수 없을 것입니다.

이 시절에 안동 사람들의 항일투쟁사를 이처럼 간명하고
도 정확하게 설명한 글은 드물다. 김시현은 안동의 근대사와
항일투쟁사를 명확하게 정리하면서 시민들에게 자긍심을 심
어 주었다. 그 바탕 위에 김시현은 이제 앞으로 나아갈 역사
적 과제를 제시하였다. 그가 민족이 풀어야 할 역사적 과제
로 제시한 것은 '민족자주와 시민민주', '분단극복과 민족통
일'이었다. 또 이 목표를 달성하고 역사적 과제를 해결하려
면 안동 사람들이 나서서 싸워야 한다고 주장하였다. 국회가
환골탈태하여 발전하지 못하면 해산시켜야 한다는 것이 그의
신념이었다. 여기에서 국회를 향한 그의 결연한 뜻을 헤아릴
수 있다.

이제 우리 조국과 아울러 안동은 국제의타國際依他를 부인하
여 민족자주를 전취戰取해야 하고 봉건유제와 항쟁하여 시민
민주를 전취해야 하고, 이것과 교호관련성交互關聯性이 있는

조국 양단兩斷을 거부하여 민주민족 제승制勝의 민족통일을 전취해야 할 일대 역사적인 초미급焦眉急의 과업들을 가지고 있습니다. 이 방향에서 우리 조국 사람들과 아울러 안동 사람들은 싸워야 합니다. 물론 국회라는 것도 이 싸우는 조국 사람들의 싸움터로 되어야 할 것입니다. 현재의 국회란 항쟁의 대상처로는 되어 있어도 그 자신이 민주조국 전사들의 집결처로는 되어 있지 못합니다. 불초 김시현은 앉은뱅이 용쓰듯 애만 쓰고 있을 뿐이오. 그 국회를 환골탈태적換骨奪胎的으로 즉 변질적變質的으로 발전시킬 수 있는 싸움도, 또는 그만 해산을 시켜 버릴 수 있는 싸움도 세력적으로 전개하지 못하고 있습니다.

14

가난에 허덕이다 최후를 맞다

안동 시민에게 글을 발표한 지 한 달 만에 5·16군사쿠데타가 일어나면서 김시현은 정치에서 완전히 물러나 앉았다. 군사정부에서 불러 모신다고 나섰지만, 그는 손사래를 쳤다. 재건국민운동본부의 류달영 본부장이 사람을 보내 왔으나 나가지 않았다. 그런데 박정희의 부관이던 이낙선 대위(뒷날 상공부 장관)가 김시현의 투쟁사와 고난의 역사를 박정희에게 이야기하여 서울 교외 불광동에 전셋집을 얻어 주었다고 전해진다.

그렇지만 그는 말년에 가난 속에서 허덕였다. 박정희의 지원과 어렵게 살던 정황을 알려주는 당시 자료가 남아있다. 1964년 6월 24일자 《동아일보》에 다음과 같은 제목과 부제가 붙은 기사가 실렸다.

《동아일보》 1964년 6월 14일자 기사

가난에 허덕이는 독립투사

옥고 30년, 팔순의 김시현옹

전세돈 마련 없어 쫓겨나게

무상배급 밀가루로 연명

의열단 국내책임자의 한 사람으로 독립운동을 벌였던 김시현

(82)옹이 심한 생활고에 빠져 있다. 2대와 5대 국회의원을 지낸

김옹은 장남(김중년씨)이 통역장교로 6·25 때 전사(당시 25세=가

족은 경북 안동에 있음), 현재 부인 권애라(65) 여사와 함께 2남(김

봉년=무직 서대문구 불광동 280의 560, 왼팔 불구)을 데리고 불광동

산비탈 단칸방 두 개를 전세 들어 8식구가 살고 있으나 이달 말

그 셋방마저 내놓게 되었다.

김옹은 1923년 폭탄을 갖고 상해에서 국내로 들어왔다가 일본 관헌에 잡혀 10년간 투옥된 것을 비롯, 전후 3회 17년간, 그리고 8·15 이후엔 52년 6월 이승만 박사 저격사건에 관련되어 9년, 합쳐 30년 동안 옥고를 겪었다.

무상배급 밀가루(한 달에 52킬로)로 연명하는 김옹은 5·16이 나던 해 겨울 현재 살고 있는 집 이웃에 판잣집을 짓다가 무허가 건물로 말썽이 생겼을 때 당시 박 최고회의 의장이 2만 원을 희사, 있던 돈을 합쳐 4만 원으로 그동안 다섯 번이나 전세방으로 전전하다 5개월 전 지금 집으로 이사했으나, 주인이 집을 통째로 9만 원에 전세를 놓게 되어 이달 29일엔 방을 내놓게 되었다는 것.

기거가 부자유해 누워서 지낸다는 김옹은 "아직 정부의 별다른 혜택을 받은 건 없으나 오는 8월쯤 원호대상에 든다는 소문을 들었다"고 그날만 기다리고 있다.

주민 박노수(59)씨 말= 노인이 세끼를 밀가루 음식을 자시니 보기 민망스럽다. 독립운동자의 말로가 이렇다면 누가 민족을 위해 일하겠는가?

대광동장 박구명씨 말= 딱한 사정은 알지만 극빈자 무상배급 외는 어떻게 할 도리가 없다.

김시현은 집에 불광정사拂光亭舍라는 이름을 붙여 놓았다. 부처의 빛이라는 불광동佛光洞에 빛을 닦아내거나 털어내는 집이라는 이름을 지은 것이다. 그렇게 남은 삶을 조용하고도 힘겹게 보내던 그는 1966년 1월 3일 저녁 8시에 세상을 떠났다. 향년 83세였다. 그는 마지막으로 아내에게 짧으면서도 분명한 뜻이 담긴 말을 남겼다.

> 권동지, 미안하오. 내가 조국 독립을 위해 몸 바쳐 투쟁했는데, 반쪽 독립밖에 이룩하지 못했고. 남은 생을 조국 통일 사업에 이바지해주오.

그렇다. 그는 평생토록 아내에게 그랬듯이 떠날 때도 '동지'라고 불렀다. 그러면서 자신이 다하지 못한 목표에 끝까지 이바지하라고 부탁했던 것이다. 오로지 혁명가의 의식으로 한 시대를 살다 간 것이다. 그러한 인물이 필요한 시대, 그것이 곧 시대정신이어야 하는 때를 그가 살았다는 뜻이기도 하다.

1월 11일 서울특별시청 앞 광장에서 영결식이 열렸고, 사회장이 엄숙하게 치러졌다. 고문에 현직 대통령인 박정희를 비롯하여 이효상 등 당대 3부 최고 인물들이 모두 들었고, 장의위원장은 김도연이 맡았다. 총무위원장 박노수, 재정위원장

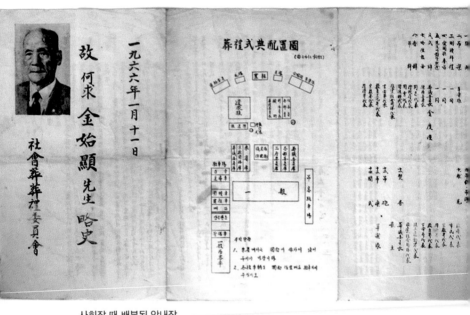

故 何求 金始顯 先生 略史

社會葬葬禮委員會

一九六六年一月十一日

葬禮式典配置圖

사회장 때 배부된 안내장

김성곤, 섭외위원장 김두한, 의전위원장 나재하, 연락위원장 박영선 등이 임무를 나누어 활동하였다. 가족들은 그때 박정희 대통령의 명으로 사회장을 치렀다고 전해준다. 장지는 고향 안동시 풍산읍 현애마을 바로 남쪽에 있는 예천군 호명면 직산리의 선영 아래다.

한편 권애라는 남편이 세상을 떠난 뒤 1967년 6·8선거에 안동에서 한국독립당 후보로 나섰다가 어떤 세력에 납치되어

김시현 묘소 사진

선거가 끝난 뒤에 풀려났다. 선거를 1주일 앞두고 후보 사퇴 소식이 신문에 보도되었지만, 득표수는 적지 않아 모두를 놀라게 만들었다.

남편이 세상을 떠난 지 7년 뒤인 1973년 10월 22일, 권애라는 불광동 280-811에 있는 자택에서 사망하였다. '동지'로 한 세상을 살다갔지만, 권애라는 남편 곁에 묻히지 못했다. 김시현이 본처와 합장된 처지에 권애라를 다시 합장하는

대한뉴스 제553호에 방영된 김시현 장례식 (1966년 1월 10일자) 서울시청 앞

대한뉴스 제553호에 방영된 김시현 장례식 (1966년 1월 10일자) 서울시청 앞을 출발하여 남대문을 향하고 있다.

권애라 여사 사망 소식 보도(《동아일보》 1973년 10월 24일자)

일은 문중에서 달가워하기 힘든 시대였기 때문이다. 그래서 권애라는 고양군 벽제면 문봉리(현 고양시 일산동구 문봉동) 운영공원묘지에 묻혔다가, 1990년 광복절에 독립유공자(건국훈장 애국장)로 포상되어 1995년 내진 현충원 애국지사묘역으로 옮겨 모셔졌다.

앞서 신문기사에서 보았듯이 가난과 노환으로 몸겨 누워있을 때, 김시현은 자신이 원호대상에 들 것이라고 기대했다. 하지만 그는 아직도 독립유공자로 포상되지 못했다. 김시현 서거 뒤에 아들 봉년이 거듭 포상을 요구했지만, 원호처(현 국가보훈처)는 1982년 8월 상훈법의 규정 때문에 포상이 불가하다고 통보하였다. 상훈법 제8조는 '서훈의 취소'를 규정하고 있는데, 김시현은 1항 3호 "〈형법〉(제115조·제117조·제171조 및 제268조는 제외한다), 〈관세법〉 및 〈조세범 처벌법〉에 규정된 죄를 범하여 사형, 무기 또는 3년 이상의 징역이나 금고의 형을 받은 경우"에 해당한다고 보았기 때문이다. 그런데 김시현은 서훈 자체를 받지 않았으니 취소할 이유도 없다는 것이 후손의 주장이고, 정부는 서훈해봤자 규정에 따라 바로 취소해야 하니 서훈할 수 없다는 견해를 밝혔다. 아들 봉년이 1999년에 행정소송을 제기한 것도 이러한 견해 차이에서 비롯한 것이다. 봉년은 아버지 김시현이 4·19혁명으로 특사되면서 공민권이 복권되어 1960년 7·29선거에서 제5대 민의원으로 당선되어 임시 의장을 역임했는데도 독립유공자로 포상되지 않은 것이 잘못이라고 주장했다. 그러나 법원은 정부의 해석에 손을 들어 주었고 끝내 포상되지 않고 있다.

현실의 법은 그렇다 하더라도 김시현에 대한 평가 자체가 낮추어진 것은 아니다. 어떻게 생각하면 독립유공자로 포상되지 않은 것이 그를 더욱 안타깝게 여기도록 만드는지도 모른다. 차별성이 두드러진다는 말이기도 하다. 전통을 지켜온 문중의 종손이라는 틀을 벗어나서 오로지 나라와 겨레만을 바라보고 살았던 인물, 더구나 시대에 주어진 과제에 따라 자신을 송두리째 던져 넣은 인물을 독립유공자라는 하나

의 기준으로만 판단하는 것이 알맞지 않을 수도 있겠다. 이
렇게 생각하면서도 한편으로는 여전히 아쉬움이 남는다.

맺음말

김시현의 항일투쟁은 격정적이고 지속적이었다. 평소 그는 말이 적었으나 행동은 무섭도록 격렬하게 펼쳤고, 그것도 끈질기게 이어나간 특성을 보였다. 메이지대학 출신으로 30대 중반에 독립운동에 뛰어들었고, 줄곧 의열투쟁이라는 한 줄기 방략을 이어 나갔다.

그가 선택한 독립운동 방략은 처음에 만주 지역 독립군 기지와 임시정부를 지원하는 것이었다. 일제 경찰에서 김시현이 의용단이나 주비단과 관련이 있을 것으로 판단한 이유도 거기에 있었다. 김시현은 독립이라는 목적을 달성하려면 의열투쟁을 하는 것이 가장 적절한 방법이라고 판단했다. 마침 1920년 이래 의열단이 나라 안팎에서 쉼 없이 거사를 터트렸고, 그도 여기에 적극 나섰다. 의용단과 주비단으로 활동하다가 1년 옥고를 치른 것도 그러한 활동에서 빚어진 일이었다.

그의 투쟁 성향은 극동민족회의에 다녀오면서 더욱 강해
졌다. 한국 대표 56명 가운데 한 사람으로 활동한 그는 회
의 도중 계급혁명에 앞서 직접 대중투쟁이 필요하다는 논의
를 가슴에 새기고 이를 실행에 옮기기로 작정했다. 그래서
상하이로 돌아오자마자 장건상과 김원봉을 만나 국내 투쟁
방향을 논의했다. 1922년 7월 김시현은 국내에 잠입했고,
1923년 의열단 '5월 거사'의 핵심인물이 되었다. 그는 대량
의 폭탄과 권총을 들여와 조선총독부와 8개 도청 등 적 기
관을 파괴하고 요인을 처단하겠다는 '5월 거사'를 밀고 나갔
다. 그 첫 단계로 무기를 국내로 들여오고자 일제의 현직 경
부 황옥을 설득하여 끌어들였다. 서울까지 대량의 무기를
옮겨오는 데 성공했지만, 친일반민족행위자가 밀고하는 바
람에 거사 추진은 막을 내리고 말았다.

그는 만 6년 동안 옥고를 치렀고, 출옥하자마자 다시 망명
하였다. 그리고 다시 의열단과 관계를 맺었다. 1932년 의열
단이 남경에 조선혁명군사정치간부학교를 만들게 되자 베이
징지부장을 맡아 생도 모집에 나섰고, 의열단 중앙집행위원
으로 활동하기도 했다. 또한 변절자를 처단하는 것도 그의
몫이었다. 군사간부학교 1기생 한삭평을 처단한 것 역시 의

열투쟁의 연속이었다. 이로 말미암아 그는 나가사키형무소로 끌려가 세 번째 옥고를 치렀다.

1941년 나가사키형무소를 나온 그는 또 다시 국내외를 오가며 활동을 펼쳤고, 베이징과 서울에서 두 차례나 옥고를 치르다가 해방을 맞아 서울헌병대 구치감에서 자유를 되찾았다. 그동안 부인 권애라와 아들 봉년도 신징(창춘) 감옥에서 3년 동안 고생하다가 풀려났다.

1923년 8월 공판정에서 그는 "나는 다만 조선을 위하여 일하였을 뿐"이라고 밝혔고, 1929년 대구형무소를 나와 다시 만주로 갈 때 "나의 섭생은 독립운동뿐"이라고 선언했다. 한 번 펼치기도 어려운 독립운동, 의열투쟁의 길에 그는 평생토록 몸을 던졌다. 그가 펼친 독립운동 26년 동안 14년을 투쟁했고 13년을 감옥에서 보내며 길고도 험한 생을 살았다.

그 항일정신은 독립운동으로 끝나지 않고 해방 뒤에도 반독재 민주화운동으로 이어졌다. 1952년 6월 25일 전시 수도 부산에서 이승만 대통령이 '부산정치파동'을 일으켜 장기 독재정권으로 방향을 틀어가자 이승만을 저격하는 거사가 일어났는데, 김시현이 바로 그 주역이었다. 이 사건으로 그는 사형을 선고받고 8년 동안 옥고를 치르다가 4·19혁명 직후 석방되었다. 권력을 장기간 독점하려는 이승만을 제거하려던 그의 시도는 '반독재·민주화 투쟁'으로 평가될 수 있고, 그 투쟁은 항일투쟁기에 그가 변함없이 걸었던 의열투쟁이 이어진 것으로 볼 수 있다.

한 번도 망설이지 않고, 한 차례도 주저앉지 않은 항일투사요, 해방 뒤에는 반독재 민주화운동의 선구자가 바로 김시현이다.

김시현 연보

1883년 안동 풍산읍 현애동 출생

?　김오월(첫 아내)와 결혼

1899년 서울행, 중교의숙中橋義塾 입학

1902년 중교의숙 졸업

1908년 교남교육회 활동

1911년 메이지법률학교 입학

1917년 메이지법률학교 졸업, 귀국

1919년 예천에서 3·1운동 참가, 상주헌병대에 붙잡혔다가 상하이
　　　로 탈출(5월), 만주로 이동(7월)하여 대한군정서(북로군정서)
　　　조직 참가, 11월 국내 잠입

1920년 군사주비단 활동, 대한군정서 자금 지원 활동, 의열단 밀양
　　　경찰서 투탄의거에 얽혀 일경에 붙잡힘(12월)

1921년 출옥(10월), 극동민족대표회의에 참석할 조선노동대회 대
　　　표로 선임, 상하이행 만저우리로 이동(11월), 이르쿠츠크
　　　에서 자유시참변 관련 재판에서 배석판사가 됨

1922년 모스크바에서 열린 극동민족대표회의 참가(1~2월), 회의
　　　기간에 권애라(둘째 아내, 3·1운동에 나섰다가 옥고 치름)와
　　　결혼, 상하이 도착(5월), 의열단의 국내 적 기관 공격계획
　　　에 참가하여 국내 잠입(7월)

1923년 텐진에서 김원봉·장건상 만나 무기 인수, 안동 거쳐 국내
　　　로 무기 대량 수송, 신의주 거쳐 서울 도착, 일경에 붙잡
　　　힘(3월), 동생 김정현(김재현) 붙잡힘(12월)

1924년 징역 10년형 선고(8월), 대구형무소에서 옥고

1927년 대구형무소 안동지소로 이동(2월), 다시 대구형무소로 이동

1929년 대구형무소에서 출옥(1월), 만주 지린으로 다시 망명(2월)

1931년 김규식 초청으로 텐진행(2월), 김규식과 난징으로 가서 의
　　　열단장 김원봉 만남, 조선혁명군사정치간부학교 생도 모
　　　집을 위해 베이징 지역 담당

1932년 윤세주·이육사·이병철(이육사 처남)과 베이징을 떠나 난징
　　　도착(9월), 조선혁명정치군사간부학교 1기생 입교식(10월,
　　　난징 교외 탕산)

1933년 의열단 전체회의(6월, 난징 교외 샤오링) 참석

1934년 중국중앙육군군관학교 뤄양분교에 입교시킬 한인 청년 모
　　　집에 주력(베이징), 배신자 한삭평(박준빈) 처단(10월), 일경
　　　에 붙잡힘

1935년 경성지방법원에서 징역 5년형(2월), 나가사키형무소 이동

1939년 나가사키형무소에서 풀려남(9월), 도쿄에 잠시 머묾

1940년 귀국(1월), 베이징행(4월), 귀국

1941년 가족과 베이징행(6월), 창춘과 지린 일대에서 항일청년 규
　　　합 활동, 베이징주재 일본영사관 구치감에 갇혀 1년 미결
　　　상태로 지내고, 다시 만주로 이동
1943년 아내와 아들이 창춘형무소에 갇힘(1945년 8월 13일 풀려남)
1944년 일본 헌병대에 붙잡힘(4월)
1945년 서울로 이감(봄), 첫 아내 김오월 사망(4월), 광복을 맞아
　　　출옥, 고려동지회 조직하여 재일 전쟁피해 동포와 귀환동
　　　포 구제사업 시작(9월), 재중국동북동포구제회 부위원장
　　　(10월), 조선독립운동사 편찬 발기인회(10월), 추강 김지섭
　　　선생 사회장 장의집행위원장(11월)
1947년 좌우합작위원회 위원(6월), 민족자주연맹 집행위원(12월),
　　　정치에 나서지 않음
1949년 민주국민당 참여(9월)
1950년 제2대 국회의원 당선(6월 1일, 안동 갑구, 민주국민당), 6.25
　　　전쟁 발발, 탈출하지 못해 서울 미아리에 있던 숙부 집
　　　으로 피신, 서울 수복 뒤 부산으로 이동하여 국회 합류,
　　　1951년 민주국민당 상무집행위원회의 부의장직을 맡음,
　　　이승만 대통령 직선제 주장(8월)
1952년 관제데모 지속, 국회의원 50명 납치사건(5월), 이승만대통
　　　령 저격 시도(6월25일)로 무기징역형을 받아 옥고
1960년 4.19혁명으로 부산형무소에서 출옥, 특별사면(6월 25일),
　　　국회 민의원 선거에서 당선(7월 29일), 국회 개원식에서 임
　　　시의장직을 맡음(8월)

1961년 5·16쿠데타로 국회 해산, 불광동 셋집을 옮겨 다니며 가난
    하게 지냄
1966년 서거(1월 3일), 사회장으로 서울시청 앞 영결식(1월 11일),
    고향 선영 아래 묻힘
1973년 둘째 아내 권애라 사망(10월)

참고문헌

권광욱, 《권애라와 김시현》, 해돋이, 2012.

김희곤, 〈한 순간도 꺾이지 않은 항일투쟁의 길, 김시현의 삶〉, 《시대와 인물, 그리고 사회의식》(이태진교수정년기념논총), 태학사, 2009.

김희곤, 《안동사람들의 항일투쟁》, 지식산업사, 2007.

안동대학교 안동문화연구소, 《안동근현대사》1・2, 안동시, 2010.

양형석, 〈金始顯(1883~1966)의 항일투쟁〉《안동사학》3, 1998.

이종률, 《조국을 세우기 위한 투쟁의 일생-김시현선생과 그 영부인의 전기》(미간행), 1961.

허 종, 〈1945~1960년 金始顯의 통일국가 수립운동과 이승만 대통령 저격사건〉, 《한국인물사연구》10, 2008.

찾아보기